여정의
끝자락
에서

책머리에

왜 여행을 하세요?

한 장 사진이 여기 있습니다.

사진에는 약간 둔덕진 초원에, 푸르고 싱싱한 두 그루 나무 사이에 빈 의자가 있습니다. 안개가 끼었는지, 날씨가 흐렸는지, 시야가 맑지는 않습니다.

물길 너머 저편에는, 가까이서 본다면 통유리창을 넘은 바다를 품은 전망이 집 안 가득 고인, 멋질 게 분명한 저택이겠지만, 거리가 먼 탓에 보풀이 인 누에고치나 아니면 신기루처럼 보이기도 하는 집들이 있습니다. 신기루라면 시야가 맑아지면 오히려 사라지겠지요. 어쨌든 지금은 평화롭고 한적하고 여유롭습니다. 그러나 빈 의자라서 그럴까요, 허전한 느낌이 들기도 합니다.
　언젠가 여행 중에 우연히 만나 이런저런 이야기를 나누던 어떤 분이 문득 내게 물었습니다.
　"왜 여행을 하세요?"
　사실 나는 여행을 왜 하는지 깊이 생각해 본 적이 없었기에, 뜬금없는 물음에 적절한 말이 얼른 생각나지 않았지만, 농담처럼 가볍게 대답했습니다.
　"내가 길을 떠나지 않았다면, 우리가 이렇게 만나, 이런 이야기를 나눌 기회가 없었을 테니까요."
　그런데 정말, 왜 많은 사람은 여행을 하는 걸까요?
　늦었지만, 나는 이제 빈 의자 한편에 앉아, 이 물음에 대한 진지한 대답을 생각해 보려 합니다. 물론 낯선 사람을 만나고, 새로운 환경과 이질적인 문화를 체험하는 것이 여행하는 중요한 주제임은 분명합니다만, 또 다른 의미도 있을 것 같기 때문입니다. 그렇다고 이 의자가 있는 밴쿠버까지 다시 갈 생각은 없습니다. 어느 곳이든 내 몸 하나 머물 자리쯤은 있을 테니까요. 여러분들도 여행 중 여유로운 시간에, 고즈넉한 자리에서, 마음이 허허롭고 한가할 때, 여행은 왜 하는지 한번 생각해 보면 어떻겠습니까?
한 인간이 일생을 살아가는 과정을 '삶의 여정(旅程)'이라 표현하기도 하니까요.

※

이 원고는 여행 이야기인 만큼 돌아다니면서 '겪은 일'들을 바탕으로 구성되었습니다. '겪은 일'들은 창작되었거나, 부풀리거나, 꾸미지 않았으며, 일어났던 일들을 담백하게 서술하였음을 밝혀둡니다.

※

이 책을 출간하는 데 도움을 주신 분들과 배낭여행이지만 그래도 적잖이 들었을 비용을 구시렁거리지 않고 내준 사람들에게 고맙다는 인사를 드립니다.
모두 고맙습니다!

차례

책머리에 – 왜 여행을 하세요?

010 생각하며 여행하기

018 첫 번째 배낭여행 – 인도

025 작은 인연도 소중하다

034 여섯 번째 인도 여행

044 다시 찾은 콜카타

053 목숨을 걸고 걷기에 도전하다

063 인도에서 기차여행 하기

072 기차표 예매하기

081 배워야 산다!

092 힌두인의 성지 – 바라나시

103 바라나시 가트에서 놀기

112 갠지스강 해맞이

123 마음이 평화로운 곳 – 산치

이곳저곳 둘러보기	129
야한 사원 도시 - 카주라호	142
세상에서 가장 아름다운 무덤 - 타지마할	154
삶이 곧 메시지다!	162
여행의 즐거움	170
시간이 머무는 곳 - 카트만두	184
죽기 전에	192
안나푸르나가 품은 도시 - 포카라	206
붓다 탄생지 - 룸비니	217
나는 무엇인가(What am I)?	225
기적을 만드는 사람들	236
티베탄 콜로니	243
인도에 머무는 마지막 날	255

책 끄트머리에 - 사람은 살던 대로 죽는다

생각하며 여행하기

나는 지금부터 여행 이야기를 하려 합니다.

여행이란 무엇인지, 여행은 왜 하는지, 내가 생각하는 여행의 정의 같은 것을 이야기하듯 서술해 다른 사람들과 공유해 볼 생각입니다. 공감을 얻는다면 보편적인 가치를 인정받는 셈이니 다행한 일이지만, 마음에 들지 않거나 도저히 동의할 수 없는 점이 있더라도 원색적인 비난 대신 예의를 갖춘 반론을 해주기를 청합니다. 왜냐하면 사람들은 저마다 생각과 추구하는 가치가 다르고, 사회 정의나 윤리, 도덕에 심각한 왜곡이 있지 않는 한, 다름은 존중받아야 하기 때문입니다. 무지개는 일곱 색깔이어서 아름답다고 하지 않습니까?

전염병 공포에 억눌렸던 긴 시간이 지나고, 닫혔던 국경이 열리자, 자극적인 것을 좋아하는 미디어들이 보복 여행이라는 조어까지 만들어 낼 만큼 여행에 대한 욕구가 분출되고 있습니다. 지금도 많은 사람이 배낭을 메고, 캐리어를 끌며, 공항 출국장으로 향합니다. 또 다가올 휴가나 연휴에 떠날 계획을 세우거나, 비행기 표를 예약하고 숙소를 검색하는 손놀림이 바쁠 것 같다는 생각도 듭니다. 이것저것 번거롭고 귀찮으면 취향과 조건에 맞는 단체 여행 상품을 찾아 여행사 사이트 순례를 시작하기도 할 것입니다.

여행은, 특히 해외여행은 이제 로망이랄 것도 없이, 1년에 한두 번은 다녀오는 우리 일상생활의 한 부분이 되었습니다. 어쩌면 여행은 다른 사람들은 모두 하는데 나만 빠지면 안 될 것 같은 필수 아이템이 되어버린 것일 수도 있겠습니다. 그 시대를 관통하는 트렌드 중심축에서 멀어지지 않으려는, 또는 앞서려는 욕구들은 어쩌면 당연합니다. 물론 개인 SNS 메인 화면에 올릴 인생 샷도 철 따라 준비할 필요가 있겠지요.

사람들은 여러 가지 이유로 여행합니다. 사진작가라든가, 화가라든가, 여행작가라든가, 어떤 특정 직업인이 작품 활동이나 자료 수집 같은 확실한 목적을 갖고 하는 여행이 있고, 먹고, 놀고, 즐기고, 쉬기 위한 시간이 필요해 떠나는 경우도 많습니다.

요즘 텔레비전에는 여러 여행 관련 프로그램들이 방영되는 것을 볼 수 있습니다. 다소 고전적이고 전통적인 구성에서부터 다양한 출연자들 조합으로 왁자지껄하고 부산한 것들까지, 그야말로 입맛에 맞는 것을 골라볼 수 있습니다. 이런 프로그램이 넘쳐나는 까닭은 시청률이 나오고, 광고주 선택을 받기에 가능한 것입니다. 여행에 관심 있는 사람들이 그만큼 많다는 의미이기도 합니다.

사족을 부쳐가며 여행 한번 하는 데 왜 하느냐고 이유를 물어보는 것은 부질없는 짓 같기도 합니다. 가끔 맛집을 찾거나, 주말에 가까운 곳으로 바람을 쐬러 나가거나, 공연이나 전시회에 가거나 하는 것들이 우리가 사는 모습이고, 비행기를 타고 가야 하는 해외여행이라 하더라도 돈과 시간이 더 소비될 뿐 특별히 다른 것은 아닐 테니까요. 우리 일상 범위가 그만큼 확장되었다는 뜻이니 바람직한 현상입니다.

나는 한 20년 가까이 여기저기 돌아다녔는데, 거의 혼자 다닌 배낭여행이었습니다. 처음 배낭여행을 시작할 때는 불교 잡지에 성지순례 기행문을 기고할 기회가 있었는지라, 네팔, 인도, 스리랑카, 중국과 인도차이나반도 불교 국가들을 주로 돌아다녔고, 인도는 다섯 번 가보았습니다.

그렇게 여행길에 조금씩 익숙해지자, 1년에 한두 번씩, 짧게는 한두 달, 길게는 서너 달씩 경제적 여력이 되는 대로 배낭여행을 이어갔습니다. 그렇지만 1~2년씩 세계여행을 할 처지는 되지 못해 그리 많은 나라들을 다니지는 못했습니다. 여행 경비 조달에도 한계가 있어 비용이 많이 발생하는 선진국이나, 항공료나 체재비를 감당하기 어려운 오지 같은 곳은 엄두를 내지 못했습니다. 그냥 초보 수준의 평범한 배낭여행자였습니다.

여행하는 동안 즐거웠고, 많은 것을 얻었지만, 잃은 것도 제법 있습니다. 친구들 만남, 몸담았던 NGO 활동, 취향이 같은 몇몇이 모여 하던 공부방, 테니스 동호회 등, 적은 금액이라도 비용이 발생하는 외부 모임을 모두 끊었습니다. 시간이 지나면서 자연스럽게 그들로부터 소외되는 외톨이가 되었습니다. 서너 번 불러도 오지 않는 사람을 애타게 찾을 까닭이 없겠지요. 이제는 며칠 동안 전화벨 한 번 들을 수 없는 날들이 이어지기도 합니다.

하지만 다 누릴 형편이 안 된다면, 더 원하는 것을 얻기 위해 희생하는 것도 있어야 하는 법이니 불만도 후회도 없습니다. 어쨌든 유럽 서쪽 끝 포르투갈 호카곶에서 바닷바람을 맞으며 풀꽃들이 반기는 둘레길을 걸어보았고, 남미 대륙 최남단 아르헨티나 우수아이아에서 뒤뚱거리는 펭귄과 게으른 바다사자 무리를 가까이서 바라볼 수 있었으며, 터키(내가 갔을 때는 튀르키예로 나라 이름이 바뀌기 전입니다) 페티예에서는 패러글라이더를 메고 지중해 위를 날며, 바다 색깔이 중국 구채구 오화해에 담긴 물 못지않게 정말 아름답다고 느껴보기도 했으니까요.

나는 내게 허용된 일정한 범위 내 지출을 최대한 줄여 여행 경비를 모아, 젊은 배낭여행자들과 똑같이 가장 저렴한 항공권을 구매하고, 호스텔 다인실에서 숙식을 해결하고, 대중교통을 이용하며 여행하였지만, 그래도 모자라는 경비는 아내 몫이었습니다. 어차피 필요한 돈이라면 기분 좋게 주는 게 마음 편하다는 진리를 터득한 아내는 평소보다 많아진 카드 청구 금액에 토를 달지 않았습니다.

● 유럽 대륙 서쪽 끝이라는 포르투갈 호카곶

● 지구 끝이라는 아메리카 대륙 최남단 아르헨티나 우수아이아

● 바다사자들이 따스한 바위섬에서 낮잠을 즐기고 있다(우수아이아).

● 펭귄들의 낙원(우수아이아)

나는 아내, 12살 손자와 같이 2022년 9월 하순부터 10월 중순까지 시카고에서 시작해 워싱턴, 뉴욕, 보스턴, 나이아가라 폭포, 토론토, 그리고 단체 여행으로 퀘벡, 몬트리올, 오타와를 거쳐 다시 시카고로 돌아오는 여행을 하였습니다. 시카고에서는 시카고 대학에서 연수 중인 작은애 집에서 며칠 보내고 한국으로 돌아왔습니다.

혼자 다니는 데 익숙한 내게는 이 여행이 꽤 어려웠습니다. 게다가 보스턴 일정이 끝나기 전날, 아내 몸 상태가 좋지 않았고, 간이 진단 기구로 확인해 본 결과 붉은 줄 두 개가 코로나 확진을 알렸습니다. 이틀 간격으로 나머지 두 사람도 마찬가지였습니다.

다행히 세 명 모두 증상이 가벼워 움직이는 데 지장이 없었고, 출입국 절차도 제약이 사라져 입국 거부나 격리 같은 불이익을 당하지도 않았지만, 토론토에서 머물렀던 친구 내외와 확진 사실을 알렸음에도 취소가 되지 않아 참여할 수밖에 없었던 퀘벡 단체 여행에서, 다른 일행에게 피해를 끼쳤을지도 모르겠다는 불안감이 부담으로 작용한 듯싶습니다.

집으로 돌아와 시차 적응에 어려움을 겪으며 회복되는 시간이 예전 같지 않다는 것을 절절하게 느낀 나는, 이제 배낭여행을 끝을 내야겠다고 생각했습니다. 그리고 처음 여행을 시작했던 인도를 마지막으로 가보겠다고 마음먹었습니다. 작별 인사랄 것까지는 아니더라도, 시작했던 곳에서 마무리를 짓고 싶었습니다. 편하게 말하면 그냥, 인도에 가고 싶었습니다.

이 여행 이야기는 2022년 12월 8일부터 다음 해 1월 20일까지

40여 일간 돌아다닌 여섯 번째 인도 여행을 따라 전개됩니다만, 다른 나라 여행 이야기와 사진도 섞여 있습니다. 여행 안내나 정보를 위함도, 유명한 유적지를 소개하고자 하는 의도도 전혀 없고, 사진도 휴대전화로 대충 찍었거나, 아주 오래된 디지털카메라 촬영본도 섞여 인쇄용으로 적당하지 않은 것들도 있을 듯싶습니다. 그러나 내가 추구하는 것은, 여행하는 재미나 선명한 사진이 아니라 단편적이나마 내가 살아온 삶의 성찰과 그리 멀지 않은 여정의 끝자락에서 마주할 마지막 순간을 맞을 준비와 정리이기에 별문제는 없을 것으로 생각됩니다. 극히 개인적인 이야기지만, 누구도 피해 갈 수 없다는 공통분모가 있기도 합니다.

그래서 이번 인도 여행 주제는 '생각하며 여행하기'로 정했습니다.

첫 번째 배낭여행 – 인도

　여행에는 여러 방식이 있겠지만, 그래도 여행하는 참맛을 제대로 즐기려면 혼자 하는 배낭여행이 제일인 것 같습니다. 어디로 갈지 목적지를 정하고, 계절과 기후를 살펴 날짜를 정하고, 어디로 들어가, 어느 곳을 거쳐, 어디로 나올지 대충 일정을 설정하고, 항공권 가격 비교 사이트를 검색해 비행기 표 예약을 하면 일단 기본적인 준비는 끝납니다. 방문하는 국가 역사나 문화를 공부할 수 있는 책 몇 권을 섭렵하고, 틈틈이 인터넷을 통해 정보를 수집합니다. 나는 여행을 떠나기 전 이렇게 준비하는 과정이 즐겁습니다. 아마도 매일같이 꼭 해야 할 다른 일들이 없기 때문일 겁니다.

배낭여행이란, 적은 경비로 모든 진행을 혼자 알아서 다 처리하는, 생생한 체험 위주 여행이라 간략하게 정의할 수 있겠습니다. 당연히 여행 중에 일어나는 모든 사건의 책임도 스스로 감당해야 할 몫입니다. 혼자라서 홀가분하고 걸리적거릴 게 없어 편하고, 일정에 목맬 필요도 없으니 자유롭지만, 때로는 외롭고 힘들며, 일탈의 유혹도 받게 됩니다. 하지만 이런 과정을 거치면서 살아온 세월 길이와 관계없이, 자신을 돌아보게 되고, 앞날을 생각하게 되고, 떨어진 사람들과 관계도 살펴보게 되면서, 사고의 깊이를 더하게 됩니다. 성숙해지는 거지요.

지금은 손바닥 위에 달랑 놓이는 스마트폰 하나로 여행에 관한 모든 관리가 가능한 시대가 되었습니다. 가격을 비교해 조건이 가장 좋은 항공권 구매, 공항에서 줄 설 필요 없는 웹 체크인, 원하는 가격대 숙소 검색 및 예약, 각종 정보 습득뿐만 아니라 방문 예정인 나라 국내선 항공권이나 열차표도 살 수 있습니다.

예전에는 인도에 도착하면 제일 먼저 하는 일이 열차 운행 정보를 수록한 책자를 구하는 일이었습니다. 이게 있어야 열차 운행 시간에 따라 일정을 조정할 수 있었으니까요. 지금은 필요 없어진 것 중 하나입니다. 물론 달라지지 않은 것도 있습니다. 인도 열차 경우, 이용 빈도가 높은 노선은 보름쯤 전에도 매진이라는 점입니다. 배낭여행자가 보름이나 한 달 후 일정을 정해 기차표를 예매하는 경우는 그리 흔치 않을 겁니다. 내일이나 모레, 길어야 사나흘 후쯤이겠지요. 매진된 표를 온라인에서 구입하는 방법은 아직 없습니다.

● 뉴델리 배낭여행자 거리 파하르간지 메인 바자르. 항상 사람들로 넘쳐난다.

　이런 변화들이 편리해진 것은 사실이지만 디지털 환경에 익숙하지 않은 아날로그 세대에게는 고약한 현실이기도 합니다. 또한 혼자 돌아다니다 목적지를 찾기 위해 지도라도 펼치면, 길거리 한량들이 우르르 몰려들어 자기들끼리 의견이 달라 언성이 높아지기도 하고, 드물게는 엉뚱한 곳으로 데려다주는 사건이 일어나기도 하는데, 안내 책자에도 나와 있지 않은, 현지인들만 아는 멋진 장소를 발견하기도 하는 사소한 재미가 사라졌다는 상실감입니다. 어떤 특정한 장소를 찾을 때 지도를 볼 필요 없이 검색으로 정확한 정보와 길 안내를 받을 수 있으니까요.

편리하지만 삭막하다는 생각이 들지 않습니까? 사람들과 교류가 점점 사라지고 우리 생활 속에 빠르게 파고드는 스마트폰이나 인공지능(AI) 기세가 무섭습니다. 어쨌든 이제는 통신망이 연결된 곳에 스마트폰 하나만 있으면 알지 못하는 세계란 없는 셈입니다. 허용된 장소라면 어디든 갈 수 있고, 무엇이든 즐길 수 있습니다. 그러니 막연한 두려움에 떠나기를 주저하는 분이 있다면 용기를 내십시오. 손가락 하나로 자판을 치는 일흔여섯 된 내가 잘 다니고 있는데 여러분들이 못 할 이유가 없지 않겠습니까!

아무리 스마트폰을 이용한 정보가 정확하고 안내가 완벽하더라도 여전히 시행착오를 겪고, 말도 안 되는 실수도 하겠지만, 부끄러운 일이 아닙니다. 같은 실수를 되풀이하지 않으면 되는 겁니다. 그렇게 조금씩 축적되는 경험치는 실수를 줄이고 두려움을 녹여줍니다. 그래서 나는 이렇게 주장합니다.

돈과 시간만 있다면 해결하지 못할 일은 없다. 법적인 문제가 아니라면!

내가 배낭여행을 처음 시작한 곳은 인도였습니다. 여행을 제안한 것은 큰애였습니다. 짐작건대 결혼할 생각을 하고 있던 큰애가 다른 집 식구가 되기 전, 부모와 같이 여행이라도 한번 하려 했던 것은 아닐지 싶습니다. 여행지를 인도로 한 것도 내가 가끔 인도 이야기를 했기 때문일 겁니다. 그래서 델리, 아그라, 오르차, 카주라호, 바라나시, 그리고 네팔로 넘어가 카트만두에서 포카라, 안나푸르나 트레킹, 다시 카트만두로 돌아와 한국으로 귀국하는 스무날 정도 되는 여정이 마련되었습니다.

　대장은 큰애였습니다. 대학 시절에 유럽, 호주, 미국을 다녀본 경험이 있었으니까요. 나는 둘이 하는 여행이라도 반드시 대장을 정해야 한다고 주장합니다. 함께 돌아다니다 보면 의견이 엇갈리는 상황이 벌어지는 것은 필연입니다. 성인군자들이 여행하는 것이 아니니까요. 그럴 때 대장 말을 따르도록 미리 약속해 두어야 합니다. 며칠씩, 또는 지역에 따라 대장을 바꾸는 것도 공정하고 좋은 방법입니다.

　실제 대장을 정하기를 잘했다고 할 만한 일이 있었습니다. 우리는 바라나시에서 카트만두를 거쳐 안나푸르나 트레킹 출발 도시인 포카라까지 항공편을 이용하기로 했습니다. 버스를 이용하기에는 시간도 부족하고, 내 몸 상태가 정상이 아니라 장시간 버스 이용이 부담스러웠기 때문입니다.

　거기까지 의견을 모으는 데는 문제가 없었습니다만, 그 당시 네팔 정세가 반군과 정부군 간 충돌이 일어날 정도로 불안정해 수도 카트만두에는 매일 반정부 시위가 일어나고, 트레킹 도중에 반군에게 금품을 빼앗긴 피해가 발생했다는 보도와 소문이 있었습니다. 그래서 우리는 네팔에 갈 것인지 포기할 것인지 결정해야 했습니다.

　아내와 나는, 누가 어느 쪽이었는지는 말하지 않겠지만, 의견이 달랐습니다. 결정은 대장 몫으로 남았습니다. 이런 소동은 항공권을 사러 간 여행사 사무실에서 벌어졌는데, 큰애는 여행사 직원과 한참 이야기를 나누고는 가자는 쪽에 손을 들어주었습니다. 두 사람은 그 결정에 이의를 제기하지 않았습니다.

아내까지 셋이 처음 하는 배낭여행은 그리 순탄하지 못했는데, 그 까닭은 순전히 음식과 잠자리에 적응하지 못한 나 때문이었습니다. 델리에 도착하자마자 시작한 배탈은 사나흘 이어졌고, 화장실을 들락거릴 때마다 물이 제대로 내려가지 않는 변기 때문에 애를 먹어야 했습니다. 졸졸 나오는 물이 차기를 기다려 내리기를 몇 번씩 반복해야 겨우 처리할 수 있는 화장실 문제는 배낭여행자들에게는 과분한 중급 정도 호텔로 숙소를 옮기면서 해결할 수 있었지만, 음식과 냄새, 환경에 적응하기까지는 더 많은 시간이 필요했습니다.

● 처음 인도 여행 첫날 묵었던 숙소. 변기 물이 내려가지 않아 애를 먹었던 곳이다. 침대는 매트리스도 없는 철제 침대였다. 지금은 리모델링을 해 꽤 훌륭한 숙소가 되었다고 하지만, 그때 좋지 않은 기억 때문에 다시 찾은 적이 없다.

여행을 마치고 집으로 돌아온 나는 분한 마음을 삭이지 못했습니다. 가고 싶었던 나라에 발을 디뎠건만 내가 보고 온 인도는 너무 단편적이었고, 그마저도 즐기지 못한 게 화가 났습니다. 그래서 그 이듬해 말에 두 번째 인도 여행을 혼자 떠났습니다. 그리고 약 두 달 동안 위로는 자이살메르, 다람살라, 마날리와 심라, 리시케시, 밑으로는 콜카타, 함피, 고아, 뭄바이, 엘로라, 아잔타를 포함한 중부 인도 일대를 내가 생각해도 대견할 만큼 잘 적응하며 여행할 수 있었습니다.

여전히 혼잡하고 지저분한 파하르간지 바자르를 소똥을 피해 가며 얼굴 찡그리지 않고 돌아다녔고, 향신료 냄새에 코를 막지도 않았고, 배탈도 나지 않고, 고수도 먹을 수 있었으며, 로컬 식당에서 탈리를 현지인처럼 손으로 먹기도 하고, 열차 가장 저렴한 침대칸에서 단잠을 잘 수 있었습니다. 물이 내려가지 않는 변기에는 양동이에 물을 받아 한꺼번에 쏟으면 된다는 것도 스스로 배웠습니다.

환경에 적응하기 시작하자 여행이 재미있어졌습니다. 두 달이라는 시간이 전혀 지루하지 않았습니다. 아쉬웠던 것은 너무 많은 곳을 돌아다닐 욕심에 **빡빡한** 일정을 만들어 휘몰아쳤다는 점이었습니다. 나는 뭄바이에서 델리를 거쳐 인천으로 오는 비행기 안에서 다음부터는 여유롭고 느린 여행을 하겠다고 마음먹었습니다. 그리고 운 좋게 인도를 다시 찾을 기회가 생겼습니다. 그래서 그해 말에 세 번째로 인도 여행을 하게 되었습니다.

작은 인연에 의해 주어진 기회, 여러분들도 그런 행운이 생긴다면 놓치지 말기 바랍니다.

작은 인연도 소중하다

　세 번째 인도 여행은 불교 성지를 취재하기 위한 것이었습니다.
　깊이나 비중과 관계없이 내 공식적인 종교는 천주교이고, 지금까지 그 굴레를 벗어나지 않고 살고 있으며, 앞으로도 그럴 것이라고 짐작하지만, 정서적으로는 불교에 더 가까운 편이라고 스스로 생각합니다. 그것은 외향적이지 않은 성격과도 관계가 있다고 여겨집니다. 요즘도 가끔 깊은 산속 암자에서 깨달음을 얻기 위해 정진하는 선승 모습을 그려봅니다.
　이웃 부부와 함께 저녁을 먹는 자리가 있었습니다. 그 집 남편이, 다시 태어나도 지금 아내와 결혼하겠냐고 내게 물었습니다. 자기는 그렇게 하겠다면서… 자기 아내와 가벼운 말다툼이라도 하고 풀어줄 필요가 있었는지는 모르겠지만, 사실 그런 물음은 안 하는 게 좋았겠다고 생각합니다. 그러나 어쩌겠습니까, 아니라고 대답했습니다. 물어본 사람이 좀 멋쩍어하는 것 같아, 다시 태어난다면 중이 되겠다고 했습니다. 농담처럼 들렸는지 모두 웃었지만, 진심이 많이 담긴 말이었습니다.

평소 불교에 관심이 있었는지라 관련된 서적들을 좀 읽기는 했지만, 불교에 대해 체계적인 교육을 받지는 못했습니다. 그러던 중 불자인 친구 소개로 천태종에서 주관하는 재가 신자 교육 기관인 불교 대학에 다닐 기회를 얻게 되었습니다.

그 당시 면접 서류에 종교를 묻는 문항이 있었는데, 떨어지더라도 거짓말을 할 수는 없어 천주교라고 적었습니다. 면접관이, 강의를 시작하기 전에 삼보(불, 법, 승)에 귀의하는 불교 예식을 행하는 데 참여할 수 있겠냐고 물어, 믿음 여부를 떠나 다른 종교에 대한 존경심을 표시하는 것은 당연한 예의라고 대답했던 기억도 납니다. 지금도 네팔이나 인도에 있는 불교 성지를 여행할 때 현지 절에서 먹고 자는 경우 아침 예불은 빠지지 않고 참석합니다.

나는 예불이나 예배, 미사를 크게 다르다고 생각하지 않습니다. 각자 자신들이 믿는 종교 예식을 따라 삶을 돌아보며, 잘못된 점을 반성하고, 하느님이나 하나님, 또는 부처님과 대화하고 소통하는 시간이라 여기기 때문입니다. 세상을 살면서 일주일에 1시간 남짓 신에 대해서 사고하는 시간을 갖는 것은 무의미하거나 허비하는 것이 아닙니다. 꼭 자기가 믿는 종교 예식이 아니라도 상관없습니다. 사이비 종교가 아니라면 인륜에 어긋나는 교리를 가르치지는 않을 것입니다. 기독교 십계명이나 불교 오계도 사람이라면 지켜야 할 도덕과 윤리의 기본 틀이 바탕이라고 생각합니다. 어디를 다니고 믿는 대상이 누구든, 종교인이 갖추어야 할 덕목을 간직하고, 종교인답게 세상을 사는 자세가 더 중요한 것 같습니다.

말은 쉬운데 실제 그렇게 사는 것은 무척 힘든 일입니다. 내 경우는 사람들과 교류가 점점 줄어들고, 먹고살기 위한 경제적인 활동도 하지 않고, 무엇을 나누거나 공유하기 위해 만나는 집단이 없으니, 자연스럽게 외형으로 드러나는 잘못을 저지를 기회 자체가 줄었습니다. 문제는 게으르고, 무엇을 이루겠다는 의욕도 없이 무기력하게 시간을 허비한다는 점입니다. 점잖은 표현으로 포장하면 소유나 욕망 같은 헛된 꿈을 내려놓고 마음을 비웠다고 하기도 합니다만, 맞는 말 같지는 않습니다. 내려놓은 게 아니라 능력이 모자라 포기했다고 하는 편이 더 정확할 것 같습니다. 포기했으면 깨끗하게 단념해야 하는데 아직도 미련이 남아 허우적대는 꼴이 한심하다는 생각도 듭니다.

더 심각한 문제도 있습니다. 수자원을 보호하고 에너지를 절약한다든가, 쓰레기 배출량을 줄인다든가, 식생활을 개선한다든가, 환경 보존을 위한 우리 노력이 시급하다는 것을 알고 있으면서도 개선과 참여에는 소극적입니다. 사랑하고 용서하며, 나누고 베풀라는 가르침도 익히 알면서 실제 생활은 그렇지 못합니다. 몰라서 못 하는 것과 알면서도 안 하는 것 중 어느 쪽이 더 잘못된 것인지도 알고 있는 이중인격자인 내가 가증스럽게 여겨지기도 합니다. 고치겠다고 생각은 하면서도 쉽지 않습니다. 이 시간을 기점으로 조금 더 부지런하고, 실천하는 쪽으로 변화하기를 스스로 기대해 봅니다.

　대학이라는 명칭을 붙였지만 120명 수강생 분포가 다양해 속도감과 집중력에는 문제가 있었습니다. 그러나 강사들이 동국대학교 불교학과 교수들이라 꽤 수준 높은 강의였습니다. 강의를 알아듣기 위해 개론서를 비롯한 관련 서적을 여럿 읽은 것도 불교 이해에 도움이 되었을 겁니다.

　그렇게 2년이 지나 졸업하게 되었을 때 문집을 만든다고 글을 하나 써달라는 부탁을 받았습니다. 예나 지금이나 사람들과 쉽사리 친해지지 않는 성격이라 같이 어울리는 사람이 없었고, 가끔 말을 섞는 수강생 누구도 내가 등단한 작가인 것을 아는 사람은 없었습니다.

　원고료도 없는 글을 쓴다는 게 선뜻 내키지는 않았으나, 타 종교인에게(단언컨대 120명 수강생은 119명 불교도와 천주교인 한 명이었을 것은 분명합니다) 배울 기회를 준 학교 측에 보답한다는 생각도 들어 글 한 편을 넘겼습니다.

　그 당시 발행한 문집을 받지 못했는지 보관된 자료도 없고, 지금은 어떤 내용의 글이었는지 기억도 나지 않습니다. 그런데 졸업을 하고 몇 달 후 월간불교 기자라는 분으로부터, 잡지사 재정이 넉넉하지 않아 고료를 많이 드리지는 못한다는 말과 함께, 1년 동안 이백 자 원고지 15매 내외 짧은 소설을 연재해 줄 수 있느냐는 청탁을 받았습니다. 어떻게 나를 알게 되었냐는 물음에는 불교 대학 졸업

문집에 실린 글을 아주 재미있게 읽었다는 대답이 돌아왔습니다.

1년 예정으로 시작된 연재가 4년이 지나 필진을 교체할 무렵, 나는 잡지사에 인도 불교 성지 순례 기행문을 연재하자고 제안했고, 1년이 지난 다음에는 아시아 사찰 순례로 이어져 2년간 더 연재하게 되었습니다. 작은 인연이 꽤 긴 관계로 발전한 사례라 하겠습니다. 티끌 같은 인연도 소중히 여겨야 한다는 교훈도 얻었습니다. 그렇게 세 번째와 네 번째 인도 여행은 놀러 다니는 게 아니라, 원고료를 받고 글을 쓰는 일을 위해 가는 것이라는 명분을 얻게 되었습니다. 아마도 이런 계기가 없었다면 내 배낭여행은 이어지지 못했을 겁니다.

인도에서 배낭여행을 한 사람은 세계 어느 나라 여행도 문제없이 할 수 있다고 말합니다. 그만큼 여행 인프라가 열악하고 예상하지 못하는 일들이 수시로 일어나는 곳이라는 뜻입니다. 항상 긴장하고 조심하지 않으면 무슨 일을 당할지 알 수 없는 곳이기도 합니다. 비슷한 연배 외국 여행자들에게, 인도 여행이 어땠나요, 물어보면 "익사이팅"이라고 말하는 사람들이 많습니다. '신나는, 흥미진진한, 흥분하게 하는' 뜻이지만, 긴장하게 만드는 위험 요소가 배경에 깔린 반응인 것을 알 수 있습니다. 놀이공원에서 롤러코스터를 탄 소감을 말하는 게 아니라는 거지요.

그 후 컴퓨터에 저장한 사진이 사라지는 바람에 인도를 다시 한번 다녀온 이후 배낭여행에 재미를 붙인 나는 발걸음이 닿는 범위를 조금씩 넓혔고, 1년에 한두 번씩 돌아다니기 시작했습니다. 그래서 로망으로 여겼던 아바나 말레꽁 해변 카페에서 시가를 피우며 헤밍웨이가 즐겼다는 모히토를 마주할 수 있었습니다.

쿠바를 처음 갔을 때 입국 심사를 받던 생각이 납니다. 내가 맨 앞이었는데 여권을 내밀자, 담당 관리가 잠시 기다리라며 손을 저었습니다. 무슨 문제가 있느냐니까, 내가 내린 비행기에 탑승한 승객 정보가 아직 컴퓨터에 입력되지 않았답니다. 오래전이긴 하지만 처음 겪어본 일이었습니다.

쿠바 인터넷 사정은 열악합니다. 길거리는 물론 숙소도 와이파이가 연결되는 곳은 없고, 이메일이라도 확인하려면 인터넷 카페를 이용해야 합니다. 아바나에는 프라자 호텔 로비에 있었는데 요금표에는 30분 3CUC, 1시간 6CUC라고 표시되어 있습니다만, 1시간짜리 카드만 팔았습니다. 30분짜리는 아예 팔지 않았습니다. 속도가 워낙 느려 그 시간에는 할 수 있는 일이 아무것도 없을 것 같기도 합니다. 좀 과장해서 부팅하는 데 30분은 걸리니까요. 단, 이런 상황은 내가 두 번째 쿠바를 여행했던 2016년도 6월 사정입니다. 지금은 좀 달라졌을까요? 참고로 1CUC는 1EUR와 비슷한 가치를 지닌, 쿠바에서만 사용할 수 있는 외국인을 위한 화폐 단위입니다.

쿠바는 사회주의 국가인데 미국 봉쇄 정책으로 경제 사정이 좋지 않습니다. 지금은 미국과 국교가 정상화되었다고 하니 사정이 좀 나아졌는지 모르겠네요. 내가 아바나에서 묵었던 까사 주인 리셋은 잘 살지는 못하지만 다 비슷하니까 불만이 없다고 했습니다. 정말 그럴까요? 중앙공원에서 만난 노동자는 생활이 너무 어렵다며 미국으로 가 돈을 벌어 가족을 부양하는 게 꿈이라고 했습니다.

● 아바나 말레꽁에서 바라본 모로 요새 등대

● 럼을 베이스로 하는 칵테일 모히토. 카페 건너편 사람들이 보이는 말레꽁 해안과 고층 건물들 불빛. 말레꽁은 방파제란 뜻이고, 밤이면 연인들 데이트 장소가 된다. 애정 표현 농도가 사뭇 진지하다.

노동자는 차이나타운 골목을 돌아 어지럽게 증축한 3층에 이혼한 누나, 조카와 같이 방 두 칸짜리에 살고 있었습니다. 반면 리셋의 집은 비록 방 한두 칸이지만 외국인에게 빌려주어 수입을 올릴 수 있는 말레꽁 근처 복층 아파트였습니다. 사회주의라고 모든 국민이 평등한 삶의 질을, 낮으면 낮은 대로, 유지한다는 것은 지난한 일인 듯싶습니다.

쿠바에서 외국인들이 주로 이용하는 버스는 비아술이라고 합니다. 그 버스를 타면 그리 먼 거리를 가지 않아도 기사 두 명이 교대로 운전합니다. 안전 운전을 위한 방법일 수도 있지만, 한정된 파이를 골고루 나누려는 정책이라는 생각도 듭니다. 빈부 격차가 벌어지면 민심이 흔들리고, 국가 존립 자체가 위험해질 수도 있을 테니까요.

자본주의 국가에서도 분배는 난해한 주제입니다. 사회주의 국가보다 상대적 빈곤감을 더 예민하게 느낄 수밖에 없는 구조입니다. 국가를 경영하는 주체들은 참 머리 아플 것 같습니다. 그런데 뭣 하러 그 골치 아픈 정치를 하려 할까요? 나처럼 배낭여행이나 하면서 편히 살면 좋지 않겠습니까?

어쨌든 아는 사람 중에는 나를 부러워하는 이도 있습니다. 세상에 걱정이라고는 없는 사람처럼 막힘없이 자유롭게 살고 있는 것처럼 보일 테니까요. 스스로 생각해도 복을 많이 받은 것 같습니다. 전생에 쌓인 선업(善業)이 조금 있었을까요? 돈을 벌 생각도 하지 않고, 원고를 쓴답시고 이태나 강원도 산골에 파묻혀 혼자 살기도 하고, 배낭 하나 둘러메고 이곳저곳 잘 돌아다니고, 그래도 아직 쫓겨나지 않고 버티고 있으니, 세상에 이런 팔자가 흔하지는 않을 듯싶기도 합니다.

  하지만 나름대로 고충이 왜 없겠습니까? 교통비가 없어 명동에서 역삼동에 있는 집까지 걸어온 적이 있습니다. 각자 부담하는 술자리에서 가진 돈을 탈탈 터니 딱 1/N이었습니다. 허물없는 친구 모임이라면, 난 오늘 돈 없다, 하면 그만이겠지만, 후배들도 여럿 있는 자리가 좀 어려웠습니다.

  동호대교인가요, 한강 다리가 그렇게 긴지 처음 알았습니다. 자정이 가까워진 시간에 다리 가운데 서서 검은 강물을 바라보았습니다. 강물은 여전히 유유히 흐르고 있을 텐데, 여여(如如)롭지 못한 중생 세상살이가 버겁게 느껴지는 순간이었습니다.

여섯 번째 인도 여행

　미국 동부와 캐나다 여행에 몹시 지쳤던 나는 혼자 여유롭고 홀가분한 여행을 하고 싶었습니다. 그러자 자연스럽게 인도 생각이 났습니다. 나에게 인도란 익숙하고 편한 곳이었습니다. 어느 나라건 여러 번 다니면 익숙해지는 것은 누구에게나 마찬가지일 겁니다. 그러나 익숙한 곳이라고 다 편해지는 것 같지는 않습니다.
　다른 사람들은 어떤지 모르겠지만, 나는 아주 잘 정돈되고 깔끔한 장소에 가면, 여러 번 다닌 곳이라 하더라도, 좀 움츠러들고 긴장이 됩니다. 행여 실수로 장식품들을 건드리거나, 움직이면서 발소리가 크게 날까 행동이 조심스럽습니다. 적당히 배치한 장식처럼 규격에 맞는 정물이 되는 것 같습니다. 한마디로 편하지 않은 겁니다.

  배낭여행은 아니지만 일 때문에 다녀본 도쿄가 그렇습니다. 수십 년 전 일이긴 하지만 신주쿠에서 술을 마시고 자정이 가까워 밖으로 나오니 비가 내리고 있었습니다. 호텔로 가기 위해 택시를 타야 하는데 정류장에는 기다리는 사람들이 30m 정도 줄을 서 있었습니다. 귀갓길을 서두르는 발길이 분주했지만, 새치기하는 사람은 물론 없었고, 건들거리는 취객도 보이지 않았습니다. 그야말로 질서정연한 유흥가 자정 무렵이었습니다. 빈 택시가 도착하면 뒷자리에 승객이 탔고 차는 떠났습니다. 타기 전에 갈 곳을 말하지 않았으니 당연히 승차 거부도 없었습니다.

  다음 날 거래를 위해 찾아간 도쿄 근교에 있는 공장, 같이 방문한 일행이 세 명이었습니다. 점심시간이 되자 근처에 적당한 식당이 없어 도시락을 준비했다며, 다른 방으로 우리를 안내했습니다. 그런데 도시락은 딱 세 개, 우리와 상담을 하던 부장은 자기는 집에서 도시락을 싸 왔다며 맛있게 드시라는 인사를 남기고 나갔습니다. 공사 구별이 분명하고, 상담하는 자세도 중간 관리자로 합리적이었지만, 어쩐지 거리감이 들었습니다. 이웃하고 살아도 쉽사리 정이 들 것 같지는 않았습니다.

  반면에 적당히 어지럽고 널려 있는 곳은 마음이 놓입니다. 소파에 널린 책을 쓱 옆으로 밀어 놓고 앉아 무슨 책인가 들춰보기도 하고, 식탁 위에 반 정도 남은 빵을 손으로 집어 먹기도 합니다. 뚜껑이 열린 피아노 건반을 딩동 눌러보기도 하고, 시간이 느리거나 혹은 빠른 벽시계를 바로 맞추기도 합니다. 흉허물이 없어진다고 할까요? 어쨌든 마음이 열리고 자유로워집니다.

왜 그럴까요? 나만 그런 건가요? 곰곰이 생각해 보았는데 여행이란 원래 그런 것이라는 생각에 이르게 되었습니다. 틀에 짜인 일상에서 벗어나 자유로워지고 싶은 욕망은 인간 본능인 듯싶습니다. 그래서 걸리적거리는 것도 없고, 알은체할 사람도 없는 곳으로 가는 겁니다. 잠시만이라도 잊고, 잊히고 싶은 자유를 찾아서… 그래서 잘 정리된 곳보다는 조금 헐렁해 보이는 곳이 더 편안하게 여겨집니다. 우리 이성은 자유가 방종과 일탈의 영역으로 넘어가지 않도록 지성의 힘을 부추길 것이기에 좀 풀어놓아도 크게 염려하지 않아도 됩니다.

인도는 대체로 지저분합니다. 지금은 엄청나게 좋아졌는데 예전에는 기차역 플랫폼 선로에 페트병, 담배꽁초 같은 쓰레기들이 넘쳐났습니다. 사람들은 담배를 피우다 꽁초를 그냥 던져버립니다. 옆에 쓰레기통이 있어도 상관하지 않습니다. 휴지통이 있는데 왜 막 버리냐고 하면 내버려두랍니다. 그래야 청소하는 사람도 먹고산다나요. 어쨌든 플랫폼에서 당당하게 담배를 피우고, 꽁초는 선로 위로 그냥 퉁겨버리면 되니까 흡연이 정말 편하고 자유로웠습니다.

기차 안에서 음식을 먹고 남은 일회용 그릇들은 남긴 음식과 함께 창밖으로 버립니다. 의자 밑에 넣어두면 쥐가 들어와서 그런다고 하는데 들판은 온통 플라스틱 쓰레기로 넘쳐나겠지요. 하긴 기차 안에서 쫄랑거리는 쥐를 보고 기겁한 적도 있습니다. 현지인들은 별로 개의치 않는 것 같습니다. 몸을 사리는 나를 이상하다는 듯 바라봅니다. 쥐가 널 잡아먹기라도 하니, 하는 것 같습니다.

지금까지 내가 다닌 인도 여행은 일기 같은 기록으로 남아 있고, 대부분 잊히지 않았지만, 첫 번째 여행 기억이 가장 강력하게 살아 있습니다. 그중에서도 아주 또렷하게 그려지는 두 장면이 있습니다.

하나는 뉴델리에서 첫 밤을 보내고 난 다음 날 아침을 먹으러 간 5층 건물 옥상에 있는 식당에서 내려다본 파하르간지 모습입니다. 그 식당은 아직도 그 자리에 있더군요. 규모가 커져 세 개 층을 사용합니다.

우와! 그 지저분함과 무질서란!

온갖 쓰레기와 질펀하게 싼 소똥이 널린 도로 위에 소, 사람, 자전거, 릭샤, 자동차가 엉켜 있고, 채소와 과일을 파는 노점상들, 한 치 양보도 어림없다는 듯 울려대는 높은 경적! 그 도로 위를 사람들은 바삐 오가고, 소는 아무렇지도 않게 수레에 진열된 채소 한 묶음을 물고 우적거리고, 쫓는 주인 손놀림은 그저 한가하고 여유롭게 보였습니다!

거의 20년이 지난 2022년 12월 하순 아침에 나는 바로 그 자리에서 이른 새벽에 거리 청소를 한 듯, 한결 깨끗하기는 하지만 별로 달라진 것 없는 거리를 다시 보았습니다. 파하르간지 메인 바자르, 바라나시 가트, 기차역 플랫폼 선로 등 공공장소들은 몰라보게 깨끗해진 게 눈에 들어옵니다. 넓어진 간선도로와 포장 상태 같은 경제 성장에 따른 성과들도 피부로 느껴집니다. 그런 외형적인 성장들이 인도 사람들 의식주 질을 높이는 데 이바지하는 것은 분명하겠지만, 의식까지 변화시킬 수는 없는 것 같습니다. 콜카타에서 만난 어떤 인도 사람이 내가 10여 년 만에 왔다니까, 인도가 그때보다 달라졌는지 물었습니다. 나는 인도는 달라졌는데 인도인들은 그대로인 것 같다고 대답했습니다.

● 이른 아침, 옥상에 있는 식당에서 내려다본 파하르간지 삼거리. 예전에 비해 한가하고 무척 깨끗해졌다.

가장 기억이 또렷한 두 번째 장면은 바라나시에서 있었던 일입니다. 갠지스강이 흐르는 바라나시는 순례객들로 항상 붐비는 힌두교 성지입니다. 바라나시는 타지마할이 있는 아그라와 더불어 짧은 여행을 하는 사람들도 빼놓지 않고 방문하는 도시입니다. 화장터가 있는 바라나시 가트는 인도를 모르는 사람들에게도 사진이나 영상 등, 어디선가 보았을 익숙한 모습일 겁니다.

카주라호에서 열차를 타고 바라나시 정션역에 내린 것은 꽤 이른 새벽, 얼마를 주었는지 금액은 기억에 없지만 부르는 값 반 정도를 깎은 오토릭샤를 타고 아씨 가트에 도착한 다음에도 어둠은 아직 물러갈 기세가 없어 보였습니다. 숙소를 정하고 짐을 푼 다음 나는 혼자 숙소를 나와 강변으로 향했습니다.

아씨 가트 주변은 개발이 되어 지금은 번화가가 되었지만, 그때에는 가트 입구 오른편으로 주민들이 땔감으로 쓰기 위해 소똥을 말리는 장소로 이용되던 넓은 모래사장이 있을 뿐이었습니다. 길과 모래사장 경계에는 낮고 허술한 울타리가 있었는데 사람들이 드나들 만큼 트인 곳이 있었습니다. 그리고 어둠이 조금 묽어진 흐릿한 시야에 강변으로 이어진 사람들 발자국이 보였습니다.

그 발자국을 따라 대여섯 걸음이나 갔을까, 나는 깜짝 놀라 움직임을 멈추었습니다. 내가 서 있는 양쪽으로 사람들이 화장실로 이용한 흔적들이 거의 일정한 간격으로 널려 있었습니다. 너무 더럽고 충격적이라 돌아갈까 망설이다 이왕 볼 거 다 본 것, 강변까지 가보자고 마음먹었습니다. 그리고 물이 찰랑거리는 강변에서 엉덩이를 까고 용변을 보고 있는 사람을 보았습니다.

흠칫 놀라 걸음을 멈추자, 인기척을 느꼈는지 돌아보는 사람과 시선이 마주쳤습니다. 다행히 남자였습니다. 그는 나를 보고 천연덕스럽게 웃으며 오른손을 흔들고, 헬로, 경쾌한 인사를 건넸습니다. 당황한 기색이라곤 하나도 보이지 않았습니다. 사실 그곳 사람들 일상생활 중 한 장면일 것이고, 칸막이가 없는 화장실에서 볼일을 보고 있을 뿐인데 부끄럽다든가 민망하다든가 하는 생각이 들 리가 없을 겁니다. 지금 생각하면 궁금한 게 하나 있긴 합니다. 혹 암묵적으로 인정한 남녀 구별이 있었을까요? 사람들이 다니는 가운데 길을 중심으로 오른쪽은 여자, 왼쪽은 남자? 아니면 그 반대?

나는 내가 그에게 인사를 했는지 잘 모르겠습니다만, 순진한 미소와 희멀건 엉덩이 두 쪽은 여전히 생생하게 떠오릅니다.

인도 여행을 하면서 많은 일들을 겪었는데, 그 두 장면이 가장 기억에 남는 것은 무슨 까닭일까요? 그것은 아마도 그 당시 인도에서 부딪친 해결하기 힘든 문제가 지저분하고 혼잡한 길을 안전하게 걷는 일과, 화장실이었기 때문일 듯싶습니다. 밑을 잘 보지 않고 걸으면 소똥을 밟을 확률이 꽤 높았으니까요. 그런데 이제는 너무 깨끗해져 인도답지 않다는 생각이 들 정도입니다.

그 후 몇 번째 여행 때인지 바라나시 가트에서 젊은 여성을 만났습니다. 울상을 짓고 있기에, 무슨 일이냐고 물었더니, 팔을 뻗으며 잡아달라고 했습니다. 가트 위 건물에서 버린 구정물이 고여 있고 주변에는 소똥이 널려 있어 걸음을 옮기기가 마땅치 않았던 모양입니다.

안전하게 발을 옮긴 다음 그녀가 투정하듯 말했습니다. 왜 이리 더러워! 나는 씩 웃으며, 몇 년 전보다 훨씬 깨끗해진 거다, 했더니 믿기지 않는 표정이었습니다. 휴가차 미국에서 온 여행자인데 월간지 기자라고 했습니다. 그녀가 인도에서 휴가를 잘 보냈는지, 다시 오나 봐라, 어금니를 악물고 인도를 떠났는지 알 길은 없습니다.

여담이지만 기자들은 막강한 힘을 가진 집단인 것 같습니다. 인도네시아 브로모 화산을 가는 길에 산 아랫마을까지 가는 교통편이 마땅치 않아 서른 미만으로 보이는 현지인 여성 여행자 두 명과 1/N씩 요금을 부담하기로 하고 차를 한 대 빌린 적이 있습니다.

같은 마을에 머물며 함께 소박한 저녁을 먹었는데 헤어지면서 명함을 한 장 받았습니다. 일간지 기자였습니다. 그녀 왈, 인도네시아 여행 중에 곤란한 문제가 생기면 연락하랍니다. 말하진 않았지만 해결해 줄 수 있다는 뜻 아니겠습니까? 막강한 배경을 얻었는데 부탁할 일이 생기지 않았으니 다행인지 불행인지 모르겠으나, 인연이 이어지는 행운까지는 허락되지 않은 모양입니다.

인도 화장실은 변기 옆에 수도가 연결되어 있고, 손잡이를 누르면 물이 한 줄기로 나오는 호스가 있습니다. 수압이 꽤 센 편입니다. 20년 전에는 화장지가 없었습니다. 지금은 요금이 저렴한 숙소에도 화장지가 있고, 급수 사정이 좋아져서인지 물이 안 내려가는 화장실은 없습니다.

볼일이 끝나면 호스를 이용해 수압이 센 물로 뒤처리를 합니다. 말하자면 수동식 비데입니다. 좀 번거롭기는 하지만 비데보다 깨끗하게 처리할 수 있으니 괜찮은 방법 같기도 합니다. 손이야 씻으면 되겠지요. 옷을 입으면 축축한 느낌이 썩 좋지는 않습니다. 화장지로 물기를 닦으면 될 것 같지만, 질이 별로 좋지 않아 도움이 되질 않습니다. 오히려 엉덩이 여기저기 붙은 물기에 풀어진 휴지 조각들이 잘 떨어지지 않아 애를 먹습니다. 쉬라바스티 천축선원 스님처럼 수건을 두 장 넣고 다니면 좋을 듯합니다. 한 장은 왼쪽, 다른 한 장은 오른쪽으로 넣는 주머니 구분을 잘할 필요는 있겠지요.

● 저렴한 호텔 화장실 모습. 변기 옆 꼭지가 달린 호스가 수동 비데다. 비교적 깨끗한 화장실이다. 예전에는 엉덩이를 대고 앉을 수가 없어 신발을 신고 올라가 쭈그리고 앉아 볼일을 본 적도 있다.

인도인들은 으슥한 숲속 같은 곳에서 급한 생리 현상을 처리할 때도 휴지를 사용하지 않습니다. 대신 물병을 들고 가 왼손으로 물을 받아 뒤처리를 합니다. 그래서일까요? 인도 사람들은 왼손을 불결하게 생각하는 경향이 있습니다. 음식을 먹을 때 왼손을 쓴다든가,

물건을 왼손으로 건넨다든가 하면 불쾌하게 생각할 수도 있으니 조심해야 합니다. 나라마다 관습이 달라 해프닝이 일어날 수도 있지만 서로 이해하려고 하면 큰 문제는 아니라고 생각합니다.

멕시코 시티에서 현지인들과 1일 투어를 같이 한 적이 있습니다. 점심이 포함된 투어였는데, 밥을 먹으면서 훌쩍거렸더니 아주머니 한 분이 자기 가방에서 휴지를 꺼내 주었습니다. 시원하게 코는 풀었지만 좀 민망해, 우리나라에서는 무례하다고 여겨 식사 중에는 코를 풀지 않는다고 변명 삼아 알려주었습니다. 그녀는 고개를 끄덕였습니다. 다른 점이 있으면 서로 이해할 수 있도록 말하는 것도 좋을 것 같습니다. 여행은 서로 다른 점을 배우고, 이해하는 과정일 수도 있을 테니까요.

다시 찾은 콜카타

　새벽 4시 30분, 다낭에서 갈아탄 비행기가 콜카타에 도착했습니다. 다낭공항에서 항공사가 비엣젯에서 인디고로 바뀌면서 자율 환승을 해야 했습니다. 자율 환승은 부친 짐이 있으면 찾아 일단 베트남에 입국 수속을 한 다음, 콜카타로 갈 항공사 카운터에서 다시 체크인하는 절차입니다. 물론 보안 검색대를 통과해 출국 수속도 해야 합니다. 몇십 분 이내에 입국과 출국, 스탬프 두 개가 여권에 찍힙니다. 통과여객으로 보안 구역 내에서 이동하는 것보다 꽤 번거롭지만, 그래도 나는 짐이 달랑 작은 배낭 한 개라 다행입니다.
　저가 항공사들이 생기면서 항공료는 저렴해졌으나 이런저런 서비스에 대한 기대는 다 사라졌습니다. 기내 반입이 허용되는 규격은 보통 560×320×240㎜ 크기에 무게는 7㎏ 미만 배낭이나, 캐리어 한 개가 무료입니다. 기내식은커녕 물 한 모금 주지 않습니다. 조금 편한 좌석을 원하면 별도 요금을 주고 구매해야 합니다. 그렇지 않으면 가장 시끄럽고 불편한 좌석이 배정됩니다. 출국 수속도 웹이나 공항에 설치된 셀프 체크인 기기를 이용해야 할 수도 있습니다.

오래 여행하다 보니 짐은 점점 줄어들어 소형 노트북을 넣어도 크기나 무게 제한은 문제 되지 않는데, 휴대용 칼 같은 것을 갖고 탈 수 없어 껍질 있는 과일을 먹을 때 불편함이 있습니다. 그렇다고 다시 살 수도 없는 게, 또 버려야 하니까요. 어려움이 많지만, 그래도 저렴한 가격이 다 감수할 수 있게 만듭니다.

새벽 시간이라 도착한 항공기가 별로 없어 공항은 한가했습니다. 도착 비자를 받기 위해서는 발급 수수료 2,000루피를 준비해야 합니다. 신용카드로 결제할 수도 있다고는 하는데 관리에 따라 안 될 수도 있고, 시내로 들어가려면 교통비가 있어야 하니 현지 화폐가 필요합니다.

공항 환전소 환율이 좋지 않다는 것은 익히 알고 있었으나 50달러가 꼬투리가 조금 붙은 3,200루피! 형편없는 환율에 속은 엄청 쓰리지만 어쩔 수 없이 2,000루피 지폐를 비자 신청 서류 클립에 꽂아 창구 직원에게 건넵니다.

사실 나는 한국에서 전자 비자를 받으려다 파일 조작이 서툴러 잘못하는 바람에(사진 용량 압축, 피디에프 파일로 변환해 업로드하는 과정에서 내 실수가 있었습니다) 대사관에서 일반 비자를 받으라는 안내를 받은 터라, 혹 도착 비자 발급을 거부당할 수도 있겠다는 걱정을 하고 있었습니다. 비자 발급 관련 업무가 대사관을 포함한 시스템에 의해 공유된 정보로 관리되고 있다면 문제가 될 수도 있을 것 같았습니다. 사유야 어쨌든 비자 신청이 거부된 기록이 남아 있을 테니까요.

인도 비자 발급 비용은 도착 비자를 받는 게 25불 정도로 제일 저렴합니다. 전자 비자는 41불, 한국 주재 인도 대사관에 신청하면 수수료가 65불 정도 되는 것 같습니다. 수수료가 비싼데도 전자 비자를 받으려 했던 이유는 도착 비자는 인도에서 나가는 항공편 예약이 있어야 했기 때문입니다. 일정에 매이고 싶지 않아 편도 항공권을 구매했었거든요. 물론 취소가 가능한 티켓을 사 도착 비자를 받은 다음 환불받는 방법도 있긴 하지만 번거로움은 피할 수 없습니다.

출입국 관리소 직원이 서류를 들척이고는 컴퓨터 화면을 보고 나를 흘끔 쳐다보더니 내 뒤에 줄을 섰던 사람을 손짓으로 다른 창구로 옮겨 가게 합니다. 내 비자 처리에 시간이 걸릴 거라는 예고입니다. 직원은 다른 동료를 불러 컴퓨터 화면을 보며 의견을 나누기도 하면서 제법 시간이 흘렀습니다.

나는 이른 시간에 나가야 크게 할 일도 없을뿐더러 급한 일도 없으니, 조급할 게 없었습니다. 무슨 문제가 있는지 먼저 물어보고 싶지도 않았습니다. 안 된다면 그때 가서 방법을 찾아보면 될 것이고, 비자가 거부되면 어떤 절차에 의해 추방되는지 궁금하기도 했습니다. 만일 추방되면 콜카타에서 가장 가까운 방글라데시 다카로 가

인도 비자를 받겠다고 생각했었습니다. 이미 준비가 되어 있는 상태였기에 안달할 일이 아니었습니다.

결국 근처 사무실에 있는 직원에게 인계되고, 또 한참 시간이 흘러 40분 정도 지나서야 비자 스탬프가 찍힌 여권을 돌려받았습니다. 직원은 두 달 유효한 더블 비자를 주었다고 생색내듯 말했고, 그게 도착 비자 발부 규정인 것을 알고 있었지만, 고맙다는 인사를 했습니다. 그게 우리가 나눈 대화 전부입니다. 보통 입국 심사 때 물어보는, 뭣 하러 왔냐, 얼마나 있을 거냐, 같은 공통된 질문도 없었습니다.

왜 그렇게 시간이 걸렸는지 잘 모르겠습니다. 정말로 비자 발급에 결격 사유가 있는데도 규정 검토와 의견 교환을 통해 허용된 재량으로 스탬프를 찍어주었을까요? 시간을 끌면서 내가 보채거나 조급한 모습을 보인다면 통과비를 요구할 생각이 있었던 것은 아닐까요? 혹 내가 자발적으로 선처를 기대하며 성의를 표하기를 기다렸을까요? 그도 아니면 새벽 시간에 무료해서일까요? 단정할 수도 없고, 거론하기도 민감한 문제입니다만 몹시 궁금하기는 합니다.

여행하면서 한두 번 둘러본 나라나 사람들에 대해 이러쿵저러쿵 얘기하는 것은 퍽 위험하다고 생각합니다. 역사, 문화, 언어, 종교, 관습 등이 다른 만큼 짧은 시간에 그들을 이해하려 한다는 것은 불가능한 일입니다. 1~2년 정도 살아도 어렵습니다. 스쳐 가는 여행자들이 보고 느낀 것은 극히 일부분이고 피상적이라 객관적이지 않습니다. 여행자들은 화자로서 역할로 족하다고 생각합니다. 그것도 이런 전제가 필요할 것 같습니다. 내가 본 바로는, 내 입맛에는, 내 생각에는…

● 약 40분 만에 받은 도착 비자. 두 번 입국할 수 있는 2023년 2월 5일까지 유효한 비자다.

    태국 치앙콩과 국경을 맞댄 라오스 쪽 도시 훼이싸이에서 하룻밤을 보내면서 한국 젊은 친구를 만난 적이 있습니다. 그는 루앙프라방에서 태국으로 가기 위해 올라온 길이었고 나는 그 반대였습니다. 그는 내가 루앙프라방으로 간다니까 정색하며, 에이, 거기는 뭐 하러 가세요. 볼 거 하나도 없던데요, 단정적으로 말했습니다. 나는 루앙프라방이 초행길이 아니었기에, 왜요? 내가 보기에는 천상의 도시던데요, 대답했습니다.

    같은 도시를 본 느낌이 극과 극입니다. 그렇지만 서로 대상을 보고 느끼는 가치가 다르고, 오감을 즐겁게 하는 요소도 틀리기에, 옳고 그름의 잣대로 평가해서는 안 됩니다. 그저 다를 뿐입니다. 다름을 인정하지 않으면 여행은 힘들어집니다.

나는 어떤 특정 국가를 한두 번 다녀보고 그 나라에 대해 단정적으로 이야기하는 것을 상당히 경계하는 편입니다. 자칫하면 편견과 차별에 이를 수도 있어 항상 조심하려고 노력합니다.

한 가지 더 유의하는 것은 아무리 젊은 사람이라도 반말은 하지 않는다는 겁니다. 저녁 드셨어요, 정도는 아니지만 말꼬리를 자르지는 않습니다. 같은 여행길에 처음 만난 사이고, 동등한 여행자일 뿐, 나이에 따라 위아래를 구분할 이유가 전혀 없기 때문입니다. 그런 습성은 여행길뿐 아니라 평소 생활에서도 다르지 않습니다. 나이 많음을 굳이 드러내고 싶지 않을뿐더러, 내가 무시당하지 않으려면 먼저 상대를 존중해야 한다고 생각하기 때문입니다.

입국 절차에 시간이 걸렸어도 아직 이른 아침 시간에 공항을 나섰습니다. 버스를 타고 덤덤 메트로역 근처에서 내렸는데 예약한 숙소를 체크인하기에는 여전히 너무 이른 시간이었습니다. 그때, 하, 하, 하처럼 뒷소리는 거의 알아들을 수 없는 거친 차장 목소리가 들렸습니다. 하우라 가는 손님을 부르는 소리였습니다.

인도에서 복잡한 버스를 탈 때마다 이곳 사람들은 눈썰미가 보통이 아니라는 생각이 듭니다. 사람들이 한꺼번에 우르르 몰려 타면 어떻게 기억하고 여기저기 흩어진 사람들을 찾아내 요금을 받는지 신기할 정도입니다. 금액이 다른 지폐를 구분해 길게 반으로 접어 손가락 사이에 끼우고 거스름돈을 주는 손놀림이 무척 빠릅니다. 점차 교통 카드 사용이 늘어날 터이니 차장 일자리가 없어질 날도 그리 많이 남은 것 같지 않습니다.

큰 도시에서 가까운 교외로 나가는 버스 같은 경우 개인들이 운영하는 차도 있는 것 같습니다. 그런 경우 출입문 바로 앞자리는 차장 몫이니 비었더라도 앉지 않는 게 좋습니다. 차장이 올라와서 비키라면 다른 자리가 남아 있지 않을 수도 있으니까요. 대개 차장이 사장이랍니다. 차량을 구매하고 운전사를 고용해 운영하는 거지요.

버스 한두 대라도 운수업을 운영할 정도라면 적어도 중산층은 될 터인즉, 복잡한 버스를 이용하는 서민들을 가볍게 보는 경향이 있는 것 같습니다. 예를 들면 요금을 받으러 다니지 않고 손짓으로 불러서 받습니다. 언젠가 맨 뒷자리에 앉았던 나는 가기가 싫어 차장에게 오라는 손짓을 보냈습니다. 서로 오라는 손짓이 몇 번 오갔습니다. 결과는 어떻게 되었을까요? 내 돈이 앞으로 앞으로 건너가 차장에게 전달되고, 차표와 잔돈은 그 반대 과정을 거쳐 내게 왔습니다.

하우라역은 아마도 뉴델리역, 뭄바이역과 더불어 인도에서 가장 크고 번잡한 기차역일 듯싶습니다. 대합실 가운데 차도가 있어 차량으로 플랫폼까지 갈 수 있습니다. 우리나라 서울역도 그랬다면 총리가 과잉 의전으로 구설수에 휘말리는 일은 없었을 겁니다. 콜카타 도심에서 후글리강을 가로지른 철교를 건너면 바로 하우라역입니다. 버스 스탠드에서 내리면 혼잡한 인파에 이곳을 처음 온 사람은 정신이 혼미할 지경이 됩니다.

인도는 넓은 국토를 핏줄처럼 연결한 철도망이 있습니다. 철도는 인도인들이 가장 애용하는 이동 수단입니다. 어느 기차역이든 항상 오고 가는 사람들로 붐비고 활기가 넘칩니다. 물론 만나는 기쁨도,

헤어지는 아픔도 있을 것입니다. 구걸하는 사람들 집요함은 여행자들 인내심을 시험하고, 허술한 가방과 주머니를 노리는 노련한 손길도 혼잡함에 묻혀 있습니다. 역은 사람들을 긴장시키고 빠릿빠릿하게 만드는 치열한 삶의 현장입니다.

나는 하우라역 대합실에서 인도에 왔다는 것을 몸으로 느낄 수 있었습니다. 오랜만에 만나는 친구처럼 반갑고 정겨웠습니다. 역에 온 김에 100루피를 주고 인도 기차 시간표 책자를 샀습니다. 10년 전에 30루피였다고 기억하는데 엄청나게 올랐습니다. 이제는 그리 요긴하진 않겠지만 아직 보는 방법을 잊지 않았는지 확인해 보고 싶었습니다.

● 하우라역 대합실. 가운데로 차량이 다닐 수 있다.

대합실 빈자리에 앉아 다음 목적지인 가야로 가는 기차 시간을 확인해 보았습니다. 그리 어렵지 않게 밤에 떠나 아침에 도착하는 기차를 찾았습니다. 열차번호와 시간을 메모해 간직하며 스스로 대견하다는 생각이 들었습니다. 스마트폰 앱을 이용하는 것보다 수월한 듯 싶으니 디지털 환경에 잘 적응하지 못하는 건 틀림없는 것 같습니다.

　돌아오는 길에 하우라 철교를 걸어서 건넜습니다. 12월 중순 문턱인데 강바람이 차게 느껴지지 않았습니다. 지금쯤이면 델리는 좀 추울 것 같은데 남쪽이라 따뜻한 모양입니다. 다리 난간에 기대 강물을 바라보며 만족한 인도 여행이 되길 바라봅니다!

● 하우라 철교

목숨을 걸고 걷기에 도전하다

소제목이 너무 자극적인가요? 하지만 누군가 그랬습니다.
"콜카타에서 여행하려면 '목숨을 걸고' 걷기에 도전해 보라!"
과장이 아닙니다. 콜카타에서 중심가 거리를 걸어본 사람들은 누구나 공감할 것 같은 말입니다. 왕복 4차선 정도 되는 콜카타 간선도로에서 길을 건너면서 서너 블록을 걷는다는 것은 위험한 도전이라는 점은 분명합니다. 위험하기는 현지인들도 마찬가지겠지만, 그들은 차량 흐름을 잘 알고 상황에 익숙해져 있다는 게 다를 뿐입니다.
콜카타 배낭여행자 거리는 서더 스트리트입니다. 저렴한 숙소, 다양한 음식점, 환전소, 여행사 등 여행 인프라를 잘 갖춘 곳입니다.

메트로역이 가까워 교통도 편리하고 주변에 볼거리들도 많습니다. 그런 만큼 피할 수 없는 소음과 혼잡, 열악한 청결 상태인 숙소(물론 저렴한 가격 탓이긴 했겠지만)에 좋지 않은 기억이 있는 곳이라 이번에는 도심과 좀 떨어진 곳에 숙소를 정했습니다.

하우라역에서 걸어서 철교를 건너 택시를 탔습니다. 예약한 숙소 주소를 주고 300루피에 가격을 흥정했습니다. 택시에는 내비게이션이 없어 주소는 도움이 되지 못했습니다. 기사는 전화로 위치를 물어 방향을 잡은 다음에도 서너 번 차를 세우고 길을 물어보고서야 도착할 수 있었습니다.

인도에서는 잔돈을 여유 있게 갖고 다니는 게 좋습니다. 택시나 릭샤를 이용하면 정한 요금만큼 맞춰줍니다. 큰돈을 내면 일단 거스름돈이 없다고 합니다. 이럴 때는 조바심 내지 말고 차 안에서 잔돈을 받을 때까지 기다려야 합니다. 온종일이라도 기다릴 태세를 눈치채면 주머니에서 잔돈을 꺼내거나, 주변에서 바꿔옵니다. 그렇지만 잔액을 다 주지 않고 강제로 팁을 요구합니다. 나는 마음이 내켜 주는 팁이 아니라면 끝까지 잔돈을 받습니다. 외국인이 흥정한 요금은 현지인들보다 훨씬 높은 금액이니 양보할 필요는 없습니다.

아직 이른 시간이긴 하지만 비어 있는 방이 있어 체크인했습니다. 우선 급한 일이 환전과 다음 목적지인 가야로 가는 기차표를 사는 일입니다. 주인에게 환전소와 기차표 예약 사무실을 물어보니 멀지 않은 곳에 있다는 환전소는 주소를 적어주고, 기차표 예약은 그곳에서 20분쯤 걸어가면 되는 라벤드라 사단이라는 메트로역으로 가면 된답니다. 그래서 나는 목숨을 걸고 콜카타 거리를 걷는 모험을 떠났습니다.

숙소에서 이면도로를 200m 정도 걸어가면 꽤 넓고 차량 통행이 복잡한 왕복 6차선 간선도로가 나옵니다. 거기서 길을 건너 오른쪽으로 한 블록 가면 환전소, 가던 길을 쭉 따라 20분 정도 더 내려가면 라벤드라 사단 메트로역입니다. 방향을 잃을 염려는 없을 것 같습니다.

그러나 숙소를 나서는 순간부터 어려움이 닥칩니다. 이면도로라지만 차량 통행이 많고, 차도와 구분은 되어 있어도 좁은 인도에는 갖가지 장애물이 있습니다. 수십 년 수령은 되었을 가로수 밑동 언저리는 질퍽하고 지린내가 고약합니다. 그걸 밟지 않으려면 차도로 내려서야 하는데 자동차, 오토바이는 걷는 사람 사정을 전혀 고려하지 않습니다.

교차로를 건너는 것은 정말 큰 모험입니다. 물론 신호등은 있습니다. 그러나 경찰관들이 나와 정리를 하지 않으면 크게 도움이 되지 않습니다. 꼬리를 문 차량이 이어지고, 좌우로 회전하는 차량은 신호와 관계없이 항상 밀려 있습니다. 차 간 간격은 어린아이도 지나칠 수 없을 정도로 기술적입니다. 양보를 하는 사람은 하나도 없습니다.

콜카타 사전에는 양보라는 단어가 없는 것 같습니다. 한 뼘만 한 공간도 서로 차지하려고 기를 씁니다. 다른 사람들보다 조금 늦게 가면 큰일 나는 일이라도 있는 걸까요? 한번 처지기 시작하면 자꾸 밀린다는 조바심이라도 있는 것 같습니다. 누구에게도 지기 싫어하고 저항 의식이 강한 콜카타 사람들 기질 탓일지도 모르겠습니다.

● 인도 가운데서 자라는 가로수. 밑동 언저리는 지저분하고 축축하다.

 더구나 우리나라와는 차량 통행하는 방향이 반대입니다. 영국처럼 운전석이 차량 오른쪽입니다. 그게 익숙하지 않아 어느 방향에서 차가 오는지 양쪽을 훑어보면 그 순간에 건널 기회는 사라지고 맙니다. 현지인들 꽁무니를 잽싸게 따라 건너는 게 좋은 방법이긴 하지만 그들 움직임을 따라가는 것도 그리 만만하지 않습니다. 달려오는 차를 향해 손을 들고 멈추기를 기대하는 순진함은 버려야 합니다. 손을 든 사람을 보고 속도를 줄이는 차를 본 적이 없습니다. 아닙니다. 달려오는 차를 향해 손을 들고 서행을 기대하며 길을 건너는 사람은 아예 없습니다.

인도를 따라 걷는 것도 보통 일이 아닙니다. 인도에 깔린 블록은 온전한 부분이 거의 없습니다. 깨지고, 꺼지고, 파이고, 밑을 보지 않고 걸으면 발을 헛디뎌 휘청거리기 일쑤입니다. 도로변 건물로 들어가는 차량 통행로와 인도는 높이 편차가 심해 자칫하면 넘어져 무릎을 다치는 사고를 당할 수도 있을 듯싶습니다. 그렇다고 밑만 보고 걸을 수도 없습니다.

사람 다니는 길은 대체로 좁고 그나마 길거리 음식점이나 노점상이 차지하고 있습니다. 게다 가로수들을 잘 정리하지 않아 낮게 뻗은 가지에 이마를 호되게 부딪칠 수도 있습니다. 콜카타에 도착한 첫날 환전소를 찾아가는 바로 그 길에서, 나는 낮게 뻗은 가지에 이마에 혹이 불거질 정도로 세게 부딪혔습니다. 콜카타 방문을 환영하는 인사치고는 매우 고약했습니다. 그러니 한가롭게 걸으면서 두리번거리며 주변 구경을 하거나 목적지를 찾는 일은 불가능합니다. 어딘가 목적지를 찾기 위해서는 반드시 움직임을 멈추고 주변을 살펴보아야 합니다.

● 인도를 차지하고 있는 길거리 음식점. 보행자들은 차도로 내려설 수밖에 없다.

그렇습니다. 우리 삶도 앞으로만 달려갈 것이 아니라 가끔 멈추고 주변을 둘러보는 여유가 필요합니다. 그래야 꽃 피고 눈 내리는 계절 변화도 느낄 수 있고, 어느 날 들리기 시작한 이웃집 아기 울음소리에서 새 생명이 탄생한 것을 알아차릴 수도 있습니다.

그뿐만 아니라 움직임을 멈추고 찬찬히 깊은 마음을 담아야 또렷하게 볼 수 있는 것들도 있습니다. 아주 가까이 있는 것들은 냉철한 이성으로 객관화하기에 어려움이 따릅니다. 예를 들면 자기 자신을 둘러보는 일 같은 것! 사람들은 다른 이들 잘못을 지적하거나 비판하고 충고하기도 합니다. 하지만 자기 자신에 대해서는 지나치게 너그럽지 않은가요?. 자신이 어떤 부류 인간인가에 대해 공정한 잣대를 대고 진지하게 생각해 본 적이 있습니까!

한 10여 년 전쯤에, 나는 내가 살면서 다른 사람들에게 도움이 될 만한 일을 한 게 한 번도 없다는 생각에 몸서리치게 놀랐던 적이 있습니다. 잘못한 일은 수없이 생각나는데, 잘한 일은 단 하나도 기억할 수 없다니! 끔찍하고, 부끄러웠습니다.

며칠 고민 끝에 신장 하나를 이식 수술을 기다리는 사람에게 기증해야겠다고 생각했습니다. 두 개 모두 건강하다면 하나는 주어도 괜찮을 것 같았습니다. 식구들을 설득하는 게 쉽지는 않겠지만 내 결심이 확고하다면 끝까지 반대는 안 할 것 같았습니다. 그러나 이 계획은 이루어지지 않았습니다. 신장 기증을 할 수 있는 나이가 지났다는 겁니다.

나는 며칠 동안 갈등하며 고민한 끝에 내린 결정, 그리고 싱거운 결말에 이르는 과정을 다시 살펴보았습니다. 내가 실제 행동으로 옮긴 일은 신장 한쪽을 기증하려면 어떤 절차를 밟아야 하는지 상담 전화 한 통 한 게 전부였습니다. 나이 때문에 안 된다는 말을 들으며 실망도 되었지만, 안도하는 마음도 컸다는 것을 부인할 수 없었습니다.

신장을 기증하겠다는 마음은 물론 고통받는 사람을 돕고 싶다는 생각에서 우러났겠지만, 아주 순수하지는 않은 것 같았습니다. 결심도 쉽지 않고 거쳐야 할 과정도 어려운 일을 왜 하려고 했을까! 인연도 없는 사람에게 아무런 대가도 없이 신장 한쪽을 기꺼이 내주는 착한 일을 했다는 사실을 훈장처럼 달고 싶은 마음이 있었던 것 같았습니다. 은근히 다른 사람들이 알아주기를 바랐을 것도 같았습니다. 그리고 깨달았습니다.

'착한 일이란 크고 어려운 게 아니라, 자랑거리라 할 수조차 없는 작은 일이라도 티 나지 않게 하는 것이다. 오른손이 하는 일을 왼손이 모르게…'

그러자 전철에서 손잡이에 매달려 선 채 졸고 있는 학생에게 자리를 양보했던 일, 지갑을 두고 나와 난처한 처지가 된 승객 버스 요금을 대신 내주었던 일, 종합병원 외래진료에서 기다리기에 몹시 힘들어하는 사람에게 다음 차례인 내 순서를 양보했던 일 같은 소소한 행위가 생각났고, 이런 작은 일들이 어떤 사람들에게는 평생 잊지 못하는 고마움이나 감동으로 남을 수도 있겠다는 생각이 들었습니다. 수십 년 전, 준비 없이 올랐던 오대산 정상 비루봉 아래에서 허기와 목마름에 지쳐 있을 때 얻어먹었던 오이 한 개의 고마움을, 내가 아직 간직하고 있는 것처럼…

여행은 일상에서 벗어나 쉼의 여유를 즐길 수 있는 시간입니다. 또한 멀리 떨어진 곳에서 다른 사람 시선으로 일상 속 자신을 평가해 볼 수 있는 소중한 기회이기도 합니다. 찬찬히 살펴보면 평소 느끼지 못했던 아주 생경한 모습에 놀랄지도 모릅니다. 부족하거나 추한 모습이 먼저 보이겠지만, 잘 알지 못했던 재능과 선한 모습이 드러날 수도 있을 것입니다. 숨어 있는 원래 모습을 발견하는 것은 내면에 있는 타인 같은 존재, 또 다른 나를 대면하는 것에서부터 시작할 수 있습니다. 스스로에 대한 냉정한 평가와 인정은 가슴을 후비는 아픔을 동반하는 일이기에 큰 용기가 전제되어야 할 것입니다.

주인이 적어준 주소지에 환전소는 없었습니다. 하지만 그 옆 건물에 다른 환전소가 있어 필요한 돈을 바꿨으니 일단 한 가지 일은 해결하는 데 도움을 받은 셈입니다. 그리고 라벤드라 사단 메트로역에 기차표 예매소는 없었습니다. 그러나 숙소에서 메트로역으로 가는 길을 알게 되는 소득을 올렸습니다. 메트로를 이용하면 교통비를 아낄 수 있을 테니까요.

　거기까지 간 김에 빅토리아 기념관과 성 바울 성당을 둘러보았습니다. 시간이 넉넉했는지라 천천히 걸었습니다. 이곳은 도로 정비가 잘되어 있어 걷기에 무리가 없습니다. 주민들이라면 아침에 산책하기 좋은 길입니다.

● 성 바울 성공회 성당

성 바울 성당은 1864년에 세워진 동양 최초 성공회 성당입니다. 대지진으로 훼손되어 1935년 복원했다고 합니다. 규모가 대단한 성당으로 스테인드글라스가 아름답다고 합니다. 성공회 전례는 천주교와 어떤 차이가 있는지 체험해 보고 싶어 일요일에 다시 찾아갔으나 시간을 잘못 알아 예절이 끝난 다음이었습니다.

돌아오는 길은 메트로역 근처까지 걸어와 버스를 탔습니다. 어림잡아 내리니 길가에 작은 연못을 품은 공원이 있습니다. 그 옆은 병원입니다.

연못가 의자에 앉아 망중한을 즐깁니다. 문득 떠난 곳에 있는 사람들 생각이 납니다. 참 멀리도 왔구나! 만 하루도 채 되지 않았는데 엄청 오랜 시간이 흐른 듯 아득하게 느껴집니다. 여행하면서 홀로 되었다는 외로움을 가장 진하게 느끼는 첫날 저녁이 서럽게 익어갔습니다.

인도에서 기차여행 하기

　인도는 면적으로는 세계에서 일곱 번째, 인구는 첫 번째로 많은 나라입니다. 근소한 차이로 중국을 넘었습니다. 땅은 넓고 사람은 많으니 유동 인구도 엄청나고, 버스보다 편리하고 운임은 저렴한 열차를 주로 이용합니다. 인도는 한번 기차를 타면 하루나 이틀 정도 걸리는 곳도 많습니다. 바라나시에서 첸나이까지 가는 데 44시간이 걸립니다. 연착하지 않았을 때 이틀을 가는 셈입니다.

　인도 기차는 같은 열차라도 여러 등급 객차가 연결되어 있습니다. 보통 서른 량 정도가 이어져 끝에서 끝까지 길이도 상당합니다. 지금은 전광판에서 플랫폼 번호를 확인하고, 타야 할 객차 번호가 있는 지점에서 기다리면 됩니다만, 예전에는 곧잘 바뀌는 플랫폼과 타야 할 객차를 찾아 숨이 차게 뛰어다니던 기억들이 생생합니다. 그러면서도 탈 열차를 놓치거나 내릴 역을 지나치거나 하지 않고, 잘 찾아다닌 게 참 용하다고 생각합니다.

운행 시간이 오래 걸리니 인도 열차는 침대칸 위주로 편성되어 있는 것 같습니다. 침대칸은 에어컨이 있는 1A, 2A, 3A 그리고 선풍기가 달린 SL로 구분됩니다. 인도 여행 적기라 할 수 있는 겨울철(12, 1, 2월)에는 남부 인도를 제외하면 그리 덥지 않기 때문에 에어컨이 필수적이지는 않지만, 등급이 높을수록 제공하는 서비스가 다르고 같은 면적에 비치된 침대 수가 달라집니다. 요금은 한 등급 높아질 때 거의 두 배로 뜁니다. 서비스 질이나 쾌적함을 느끼는 차이는 부담한 재화 양에 따른 것이니 자본주의 체제에서 당연하고, 돈을 더 냈다고 목적지에 먼저 가는 것도 아니니 불만을 가질 까닭도 없습니다.

배낭여행자들은 가장 저렴한 침대칸인 SL을 주로 이용하는데 밤 열차를 타면 하루 숙박비를 아낄 수 있고, 너무 늦은 시간에 목적지에 도착하지 않도록 하기 위함입니다. 그런데 이번 여행을 하면서 두 번 이용한 SL 칸 환경에 진저리가 나 더는 타지 않겠다고 마음을 굳혔습니다.

인도 열차는 탈 때나 내릴 때나 승차권 검사를 하지 않습니다. 개찰과 집찰 개념 자체가 없는 것 같습니다. 열차 안에서도 일일이 표 검사를 하는 것을 본 적이 없습니다. 인도 여행을 하면서 적어도 오륙십 번은 열차를 이용했겠지만, 표 검사를 받은 것은 서너 번밖에 기억나지 않습니다. 어떤 기준으로 검사하는 대상을 선정하는지 모르겠지만 전체를 다 하는 경우는 보지 못했습니다. 그러니 사람들은 인원 제한 없이 파는 입석권으로, 또는 아예 표를 끊지 않고 SL 칸으로 들어와 빈자리를 차지합니다.

 나는 세 칸으로 되어 있는 침대 위 칸은 오르내리기가 힘들어 맨 아래 침대를 주로 이용했는데, 낮에는 가운데 침대를 접고 여러 명이 앉아 노닥거리면서 갑니다. 중간 기착지에서 열차에 타, 여기가 내 자립니다, 표를 내밀어도 5~6명이 나란히 앉아 멀뚱멀뚱 쳐다보기만 할 뿐 아무도 일어나지 않습니다. 자리를 좁혀 빈틈을 만들어 주면 그나마 다행입니다.

 별수 없이 어정쩡하게 끼어 앉아 있다 늦은 시간이 되어 겨우 자리 잡고 누우면 옆으로 끼어드는 사람도 있습니다. 침대 하나에 엇갈리게 둘이 자는 것은 보통이고, 침대칸 사이, 통로, 어디든 발 디딜 틈 없이 누워 자기 때문에 화장실을 가기도 어렵습니다. 승무원들은 아예 보이지도 않습니다. 열차 운행 횟수를 늘릴 수는 없고, 수요는 넘치고, 어쩔 수 없이 묵인하고 있는 것은 아닐까요?

 소란함은 밤새 이어집니다. 뭔 일들이 그리 바쁜지 전화벨은 쉴 새 없이 울리고, 자정을 넘겼다고 목청이 낮아지지도 않습니다. 동영상을 보거나 음악을 듣는 데 이어폰을 사용하는 사람은 거의 없습니다! 그런 소란에 누구도 개의치 않으니 조심하거나 미안해하지 않습니다. 교육을 받지 않았거나, 지켜야 할 공중도덕의 여러 덕목 중 하나로 배우지 않았기 때문일 것입니다.

　예전에는 이토록 혼잡하거나 소란스러웠던 것 같지는 않습니다. 지난 일이라 그럴까요? 그보다 내가 인도를 처음 다니던 시절에는 스마트폰이 개발되기 전이고, 휴대전화도 일반화되지 않았기 때문일 거라는 데 생각이 미칩니다. 지금은 누구나 가지고 있는 필수품이 되었고 편리해졌지만, 그만큼 불편한 일들도 많아진 듯합니다.

　우리가 아무리 불편하고 심정적으로 받아들이지 못하더라도, 그 나라 고유한 전통이나 문화라면 외국인들이 당연히 감수해야 할 부분입니다. 그러나 열차 안 그런 모습은 문화라 할 수는 없을 겁니다. 세계 어디서나 통용되는 규범에서 벗어나는 행위는 지탄받아야 하고 고쳐져야 할 폐습입니다.

　SL 칸을 두 번 이용한 다음 3A 칸으로 등급을 올렸습니다. 요금은 비싸졌지만 내 침대는 비어 있었고, 모포와 시트, 베개가 제공되었습니다. 아직은 승차권이 없는 현지인들 접근을 관리하는 듯싶었습니다. 그러나 몇 년쯤 후면 한 등급 올린 2A로 옮겨가야 할지도 모르겠습니다.

　우리나라 배낭여행자들도, 특히 혼자 여행하는 여성은 SL 칸을 타지 않으면 좋을 듯합니다. 가끔 외신으로 접하는 집단 성폭행 같은 사건이 열차 안이라고 일어나지 않는다는 보장도 없습니다. 어쩔 수 없이 이용할 수밖에 없다면, 맨 위 칸을 예매하기를 권합니다. 오르내리는 게 힘들지만, 그만큼 다른 사람들 눈에 잘 뜨이지 않고 접근도 불편할 것이니까요.

예전에는 인도에 도착하면 제일 먼저 하는 일이 열차 운행 정보를 찾아볼 수 있는 책자 구입이었습니다. 두세 달 여행을 하려면 기차를 이용할 수밖에 없는데 예매를 위해서는 꼭 필요한 책입니다. 그런데 지금은 스마트폰에서 이용할 수 있는 앱들이 있어 필요 없어진 것이기도 합니다. 인도에서 사용할 수 있는 유심을 이용하면 기차표 예매가 가능하거나, 연착이 잦은 인도에서 실시간으로 타고자 하는 기차 운행 정보를 확인할 수 있는 앱은 퍽 유용합니다.

지금은 기차역 안내판 등도 디지털화되고 예약 사이트가 있어 기차 이용이 무척 편리해졌고, 그만큼 인도 여행의 어려운 문제 하나가 제거된 셈입니다. 그래도 워낙 유동 인구가 많아 예매하기는 여전히 만만하지 않습니다. 인기 있는 노선일 경우 늘 매진이지만, 여러 종류 쿼터가 있어 해당 사항이 있는 분들은 적극 활용하는 것도 좋은 방법입니다. 요금을 올리는 대신 공식적으로 비싼 가격에 일정량을 제공하는 따깔 표, 외국인 관광객을 대상으로 배정된 쿼터, 나이 많은 사람들을 특별히 배려한 표들도 있습니다.

외국인 전용 예매 창구를 별도로 운영하는 도시라면 이용해 볼 가치가 충분합니다. 여행사들이 표가 없다며 상당한 웃돈을 요구하는 구간도 구할 수 있는 확률이 꽤 높습니다. 단지 구비해야 하는 서류들이 있고, 예매소를 직접 찾아가야 하는 번거로움이 있지만, 그런 것들도 인도를 여행하는 재미로 여긴다면 나쁘지 않습니다. 현지인들과 접촉을 늘리는 것은 그 나라를 이해하기 위한 좋은 방법입니다.

예매할 때 필요한 서류 중에는 여권과 비자 사본은 필수이고, 환전영수증을 요구하는 곳도 있으니 한 장 정도 공식 환전소에서 돈을 바꾼 기록을 보관하는 게 도움을 주기도 합니다. 2개월인가요, 유효 기간이 있어 너무 오래된 것은 소용이 없습니다.

예매하지는 못했어도 꼭 그 기차를 타고 비교적 짧은 거리를 가야만 한다면 역에서 파는 일반 표를 사는 수밖에 없겠지요. 그건 무제한으로 파는 입석권인데 그 칸은 어떤지 호기심이라면 모를까, 그렇지 않다면 절대 타지 않는 게 좋습니다. 그냥 인도 현지인들처럼 SL 칸으로 가서 적당히 자리에 끼어 앉아 다가오는 운명을 기다려 보십시오!

그 칸에 탄 사람들 반 이상은 같은 처지일 터니 크게 걱정하지 않아도 됩니다. 그날 운수가 좋았다면 목적지까지 불편한 대로 자리 차지를 하고 무사히 갈 수 있을 것입니다. 혹 승무원이 표 검사를 요구하면 입석표를 보여주며 사실대로 말하면 됩니다. 너그러운 승무원을 만났다면, 알았습니다. 편히 가십시오, 인사말을 건네고 갈 것이고, 깐깐한 사람을 만났다면 벌금을 내야 할지도 모릅니다. 혹은 빈 침대를 구해주고 웃돈을 요구할 수도 있습니다. 문제가 될 경우를 생각해 입석표라도 꼭 구입하는 게 좋을 것입니다. 어디서 탔다는 증빙이 될 것이니까요.

걸려본 적은 몇 번 있는데 아직 깐깐한 승무원을 만난 적이 없어 그 후 어떻게 될지는 모릅니다. 그러나 어떤 일이든 일어날 수 있는 곳이 인도라지만, 설마 두드려 패거나 달리는 열차 창밖으로 던져버리지는 않을 테니, 고지식하게 입석 칸으로 들어가 우리나라 김포

골드라인 출근길 전철보다 훨씬 밀도가 높은 곳에서, 무슨 일이 있어도 다시는 타지 않겠다는 맹세를 되씹고 있는 것보다는 나을 것입니다.

인도 기차를 타본 사람들은 모두 고속열차(KTX)가 다니는 우리나라에 자긍심을 가질 것이라 확신합니다. 노선 길이가 짧기 때문일 수도 있겠지만, 내가 이용해 본 경험에 의하면 청결함, 정확함, 시스템 등 모든 면에서 신칸센, 유레일, 암트랙보다 더 우월하다고 생각합니다.

인도 기차의 불가사의한 점도 있습니다. 중간 기착지에서 2시간 늦은 기차를 탔다면 목적지에도 최소한 2시간 늦게 도착한다고 생각하는 게 상식적인 계산입니다. 밤 기차를 타면 잠을 자고 가는데 인도 기차는 도착역에 대한 안내 방송이 없습니다. 가끔 안내 방송을 하는 기차도 있긴 한데 나는 잘 알아들을 수 없으니 무용지물입니다.

그래서 자리를 잡으면 옆 사람들과 인사를 나누고 어디까지 가느냐고 목적지를 묻습니다. 목적지가 같은 사람이 있으면 다행이지만 보통은 어디까지 가니 그곳에 도착하면 좀 알려달라는 부탁을 합니다. 말이 통하지 않으면 내 표를 보여주면 됩니다. 사람들은 고개를 끄덕이며 알았다고 하지만 그걸 완전히 믿을 수는 없으니까, 보통 도착 예정 시간 30분 정도 전쯤에 알람을 맞추고 잠을 잡니다. 2시간 늦은 기차라면 도착 시간도 2시간 늦게 맞추는데 이게 문제가 생깁니다.

어떻게 그런 일이 가능한지 이해가 되지 않지만, 2시간 늦었던 기차가 1시간 단축되기도 하고, 한나절 정도 걸리는 거리라면 원래 예정된 정시에 도착하기도 합니다. 목적지임을 알고 침낭을 질질 끌며 내린 게 몇 번 있습니다. 인도 기차는 정차하는 시간이 제법 길어 열차 안이나 창밖에서 짜이나 생수 등을 파는 상인들이 목청을 높이는데, 여기가 어디냐고 물어보면 내려야 할 역이곤 했습니다.

흠을 잔뜩 늘어놓았어도 인도 기차는 추억거리가 많습니다. 인도에서 처음 탄 열차는 뉴델리에서 아그라로 가는 특급열차였습니다. 몇 시간 안 걸리는 거리라 좌석이었습니다. 특급이었던 만큼 객실도 깨끗했고, 아침도 주었는데 채식주의자인지 아닌지 물어 속이 편치 않았던 터라 채식으로 달라고 했던 기억이 납니다.

처음으로 탔던 SL 침대차는 카주라호에서 바라나시로 가는 열차였습니다. 그 당시에는 카주라호에 기차가 직접 연결되지 않아 버스로 주변 기차역까지 가서 타야 했습니다. 그리 혼잡하거나 시끄럽던 것 같지는 않습니다. 세 식구가 아래 칸 침대 두 개와 중간 하나를 차지하고 편히 잤던 기억이 납니다. 아내가 인도 이야기를 하면 그때 침대칸에서 아주 편히 잠을 잤다는 말을 몇 번 했습니다.

인도가 머지않은 미래에 미국, 중국과 더불어 G3 경제 대국으로 도약하리라는 전망이 있습니다. 그러면 아마도 고속열차를 건설하겠지요. 시속 300km로 달리는 열차라면 뉴델리에서 바라나시까지 중간 기착지를 고려하더라도 4시간이면 족할 겁니다. 인도 중남부 지역은 산이 없어 터널을 뚫을 일도 없고, 건설도 빠를 것 같습니다. 그러나 방대한 철도망을 다 고속철도로 바꿀 수는 없을 테니 지금 같은 열차들이 없어지지는 않을 겁니다. 우리나라 무궁화호나 통일호처럼 옛날 생각을 하며 인도 열차를 타볼 기회가 내게 또 있을까요?

새롭고 빠른 게 반드시 좋은 것은 아닌 것 같습니다. 오래되고 느린 것이 버려야 할 대상도 아닙니다. 차이를 좁히고 조화를 이루어 공존하는 세상이 아름답지 않겠습니까?

우리 사는 세상도 그럴 것 같습니다. 우리나라는 빠르게 고령화가 진행되면서 노년층과 청년층 간 갈등도 심해지는 것 같습니다. 노인들은, 요즘 젊은 애들은 버릇도 없고 노인을 공경하지도 않는다고 나무랍니다. 젊은이들은 노인을 자신들이 부양해야 하는 짐으로 여기며 차가운 시선으로 경원합니다. 양측 주장이 아주 근거 없는 것도 아니고 어느 쪽을 옳다 그르다 할 수 있는 문제도 아닌 듯싶습니다.

갈등 요소를 줄이고 서로 존중하며 공존할 수 있는 정책을 추진해야 할 정치권은 표의 논리에 지배당하고 있습니다. 노령 인구가 늘어나면 그들 지지를 얻기 위한 정치권 구애는 치열해질 수밖에 없을 것이고, 이에 비례해서 젊은 세대 반발도 더 심해질 겁니다.

서로 간 골을 줄이고 존중하고, 상생하고, 신뢰하는 사이로 만들 방법은 없을까요? 학자들 연구 논문, 반면교사로 삼을 만한 외국 사례, 계층을 대변할 수 있는 인적 구성을 통한 충분한 토론과 소통, 가능한 방법을 다 동원해 좋은 대안이 만들어지기를 희망합니다. 하지만 오히려 계층, 노소, 남녀 사이 갈등과 분열을 부추기고 이용하는 것처럼 보이는 정치권은 과연 그런 일들을 생각이나 하고 있을까요?

기차표 예매하기

　콜카타에 도착한 둘째 날, 일찍 아침을 먹었습니다. 숙소를 선택할 때 고려하는 조건은 우선 위치와 가격, 그리고 아침 식사 제공 여부입니다. 호텔에 묵는 것도 아니니까, 근사한 뷔페식 식단은 가당치도 않습니다. 내가 치르는 숙박 요금에 어울리는 정도, 잼과 버터가 있는 빵, 커피면 만족합니다. 과일이 있으면 금상첨화겠지요.

　콜카타에서 묵었던 숙소는 하루에 2,000루피(약 25불. 요일에 따라 요금이 조금씩 달랐습니다) 정도였는데 배낭여행자에게는 꽤 과한 곳이었습니다(이번 여행에서 제일 비쌌던 숙소이기도 합니다). 콜카타는 두 번째인데, 처음 왔을 때 묵었던 서더 스트리트 중심가에 있는 숙소는 너무 열악해 다시는 머물고 싶지 않은 곳이었습니다. 물론 그곳에도 2,000루피 정도면 괜찮은 숙소가 있을 겁니다. 하지만 수요가 많은 중심가라 전체적으로 요금이 좀 높을 것 같기는 합니다.

서더 스트리트는 뉴델리 파하르간지처럼 배낭여행자들이 모이는 곳입니다. 복잡하고 시끄럽습니다. 그래서 이번에는 교통이 불편한 점을 감수하더라도 좀 외진 곳에 있는 숙소를 선택했습니다. 물론 아침을 제공한다는 게 마음에 들었습니다.

우리가 인도 음식점에서 먹을 수 있는 빵은 크게 난과 차파티 두 종류입니다. 그런데 이 숙소에서는 뿌리를 주었는데 맛이 아주 그만이었습니다. 뿌리는 반죽을 납작하게 만들어 기름에 튀긴 것인데 공갈빵처럼 둥글게 부푼 것을 푹 누르면 차파티보다 조금 작아 보입니다. 따끈따끈한 뿌리를 손으로 찢어 커리를 찍어 먹습니다. 한 접시에 세 개를 담아 주는데 금세 다 먹고 더 달라고 부탁하니 다시 세 개를 줍니다. 그 정도면 아침으로 충분합니다. 따끈하고 맛있는 빵으로 배를 채우고 내린 커피를 마시니 행복하다는 생각이 듭니다. 행복이란 게 참 별 게 아니라는 생각이 듭니다. 소박한 아침에 그렇게 만족할 수 있다니!

나는 그 후 음식점에서도 뿌리를 여러 번 먹어보았지만 내 입맛에는 콜카타 숙소에서 먹은 게 훨씬 맛있었습니다. 콜카타를 다시 간다면 아침을 먹기 위해 그 숙소를 또 찾을 것 같습니다.

오늘 제일 먼저 할 일은 다음 목적지인 보드가야를 가기 위해 가야까지 가는 기차표 예매입니다. 숙소에서 서류 몇 장 복사를 부탁하니 주인이 환전과 기차표 예매는 잘했느냐고 물었습니다. 나는 사실대로, 환전은 그 주소에 환전소가 없어 근처 다른 곳에서 했고, 라벤드라 사단역에는 기차표 예약 사무소가 없어 지금 가려 한다고 대답했습니다. 주인은, 그래요, 하고는 끝입니다. 미안하다는 말조차 없습니다. 아마 주인은 다른 여행자가 물으면 같은 안내를 할 것 같습니다. 잘못된 정보에 항의라도 하면, 그게 뭐 대수라고 그래, 어이없다는 표정으로 바라볼 것 같습니다. 내가 만일 콜카타를 다시 간다면 꼭 확인해 보겠습니다. 이러다 정말 또 가는 건 아닌지 모르겠네요. 갈 이유가 자꾸 많아지니까요.

버스, 메트로, 택시를 이용해 외국인 전용 기차표 예약 사무소를 찾았습니다. 건물 아래층 공간을 둘로 나눠, 왼편은 내국인, 오른쪽은 외국인용입니다. 입구에 들어서니 종이에 숫자를 적어줍니다. 접수 중인 셈입니다. 아직 업무가 시작되지도 않았는데 열일곱 번째입니다. 외국인처럼 보이는 사람은 아무도 없습니다. 대신 여권을 뭉치로 들고 있는 사람들이 여럿입니다. 여행사 직원들입니다. 기차표 예약을 위해 직접 예매소를 찾는 한가한 여행자는 나밖에 없는 듯싶었습니다.

10시가 되자 담당자가 들어와 혼잡한 실내를 정리합니다. 예매 창구 앞에 몰려 있는 사람들에게 모두 물러가 자리에 앉으라고 합니다. 말을 알아들을 수는 없지만 손짓이나 사람들 반응으로 충분히 이해할 수는 있습니다. 사람들이 빨리빨리 움직이지 않자 목소리가 높아집니다. 나는 얼른 창구와 좀 거리를 두고 나란히 놓여 있는 의자에 앉습니다.

다 그런지는 모르겠으나 내가 대면했던 인도 관리들은 대체로 권위적인 것처럼 보였습니다. 관리들은(인도뿐 아니라 모든 민주주의 국가에서) 법률에 의해 위임받은 권한으로 나라를 운영하는 행정부 소속으로, 각자 맡은 분야에서 소임을 다하여 국민에게 봉사해야 하는 사람들입니다. 그들이 행사하는 권한은 사익을 위해 남용되어서도 안 되고, 대상에 따라 불공정하게 적용하여서도 안 됩니다. 그러나 현실은 반드시 그렇지 않습니다.

인도 관리들은 좀 강압적이고 어떤 경우에는 폭력을 행사하기도 합니다. 질서를 유지한다는 명분이겠지만 열차를 서로 먼저 타겠다고 열린 창문을 넘어가는 사람들을 경찰들이 긴 막대기로 신체를 가격하며 제어하는 것을 보았습니다. 고락푸르역에서입니다.

고함을 치고 사람들을 밀쳐가며 장내를 정리한 담당자가 업무를 시작합니다. 부여받은 번호표 순서대로 호명하고 일을 처리하니 기다릴 수밖에 없습니다. 여행사 직원들은 한 사람이 대여섯 건을 대행하고 있어 진행은 더딥니다. 열두 번째가 끝나고 13, 14, 15, 16은 불러도 대답이 없습니다. 한 번 불러 대답이 없으면 다음으로 바로 넘어갑니다. 그리고 내 차례입니다.

나는 출입국이나 비자 신청 등을 할 때 필요한 구비서류를 꼼꼼히 챙기는 편입니다. 기차표 예약 서류도 마찬가지입니다. 서류가 완벽하지 않으면 미비한 서류를 복사하기 위해 다시 줄을 서야 하는 경우도 생깁니다. 담당자는 내 예매 신청서를 보고, 음, 가야라, 혼자 중얼거리고는 나를 향해, 있을 겁니다, 합니다. 나는 콜카타에서 모레 밤에 떠나는 열차로 가야로 갈 예정입니다. 고타마 싯다르타가 깨달음을 얻어 붓다로 다시 태어난 보드가야는 뚝뚝을 타고 한참 더 들어가야 합니다.

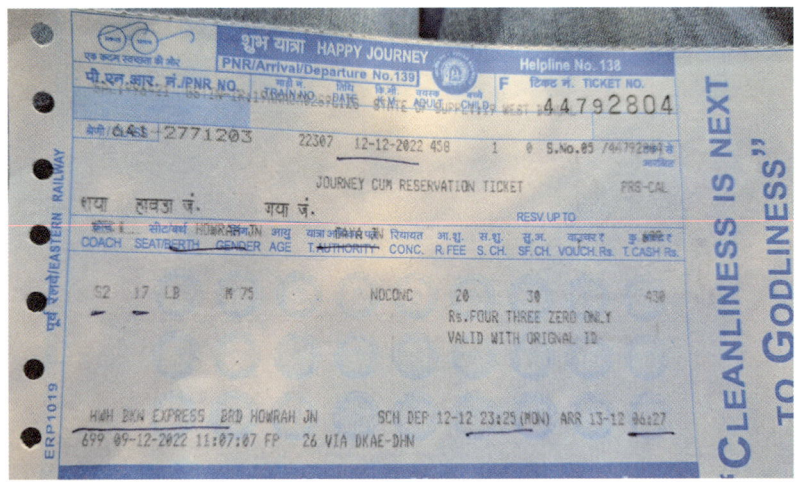

● 콜카타에서 가야까지 가는 기차표. 출발, 도착 시간, 등급, 거리, 요금, 성별, 나이 등 열차와 이용자에 대한 모든 정보가 담겨 있다. 20년 전과 똑같은 형식이다. 도트 프린터로 출력한다.

담당자는 내가 머무는 숙소 주소를 묻습니다. 모르겠다고 하자, 어디 근처인지만 알려달라고 합니다. 나는 생각나는 대로 파크 스트리트 근처라고 대답했습니다. 그런데 놀랍게도 담당관은 꼭 존칭을 붙였습니다. 예컨대, 어디 근처인지만 알려주십시오, 선생님, 하는 식입니다. 인도에서 처음 듣는 호칭이었습니다.

그동안 여행하는 동안 외국인들이 내게 존칭을 붙인 경우가 딱 두 번 있었습니다. 한번은 인도네시아 족자카르타 에듀 호스텔에서입니다. 아침을 먹고 방으로 내려왔는데 내 침대에 걸터앉아 있던 젊은이가 황급히 일어나며 미안하다며 존칭을 붙였습니다. 다인실에 묵을 때에는 다른 사람 침대에 앉거나 물건을 올려놓지 않고, 사용한 화장실은 잘 정돈하는 게 기본 예의입니다.

그리고 또 한 번은 칠레 아따까마에서 우유니 사막 투어를 같이 떠나는 일행들을 만나는 자리에서입니다. 공교롭게도 두 번 다 네덜란드 젊은이였습니다. 그런데 인도에서, 그것도 기차표 예매 사무소에서 관리에게 그런 호칭을 듣다니! 나는 위압적으로 보이던 관리의 양면성이 다소 혼란스러웠지만 기분이 나쁘지는 않았습니다.

요금은 430루피(약 7,500원)입니다. 콜카타에서 가야까지 거리는 450km이고 시간은 8시간 정도 걸립니다. 500루피 지폐를 주자 50루피를 주며 잔돈이 없다고 잠시 기다리라고 합니다. 그만 되었다고 했으나 그는 기다리라며 내 뒤 번호를 불렀습니다. 그리고 그 사람에게 20루피를 미리 받아 내게 주었습니다. 여행 잘하라는 인사도 잊지 않습니다. 여러 번 외국인 전용 예매소에서 기차표를 사보았지만, 이런 유형 관리를 만나본 것은 처음입니다. 나도 손을 들어 흔들며 고맙다는 인사를 남겼습니다. 기분이 좋아 자신도 모르게 목소리가 커졌습니다.

나는 그 관리가 왜 그리 공순했는지 궁금합니다. 그저 막연히 추측해 볼 뿐입니다. 혹 야간열차 가장 저렴한 침대칸을 이용해 인도여행을 하기 위해, 직접 기차표 예매를 하는 일흔다섯 노인에게 약간 존경심을 표한 것은 아닐까요? 그런 생각 끝에 오래전 고아에서 있었던 일이 떠올랐습니다.

고아에 내린 것은 새벽이었습니다. 예약한 숙소가 없어 머물 곳을 찾는 게 제일 먼저 할 일이었지만, 너무 이른 시간이라 마땅히 갈 곳이 없었습니다. 주변을 둘러보자 24시간 문을 여는 커피점이 보였습니다. 커피를 한잔 마시고 있는데 대학생으로 보이는 젊은이 3명이 들어오더니 바로 내 옆 카운터에 나란히 앉았습니다. 그런데 그중 한 젊은이가 가방을 내가 앉은 원형 탁자 위에 던져놓았습니다. 커피를 들고 있었기에 다행이지 그렇지 않았으면 엎질러지거나 흘러넘쳤을 것입니다. 나는 속으로, 뭐 이런 녀석이 다 있어, 중얼대며, 이걸 어떻게 해야 하나, 궁리하기 시작했습니다. 기분은 몹시 나빴으나 싸울 수도 없는 노릇이고 난감했습니다. 한 5분쯤 지났을까, 등줄기를 쏘아보는 내 시선을 느꼈는지 나를 향해 얼굴을 돌린 이 젊은이가 물었습니다. 너 괜찮니(Are you OK)?

나는 여행을 하는 중에도 그 상황을 여러 번 곱씹어 보았지만 이해가 안 되기는 마찬가지였습니다. 빈자리도 많았는데 왜 하필 내가 앉은 탁자 위로 가방을 던졌을까요? 몹시 궁금하던 중 불교 성지 중 하나인 쉬라바스티에서 천축선원을 설립한 주지 스님을 알게 되었고, 같이 차를 마시는 기회에 그 일을 물어보았습니다. 스님은, 카스트 제도가 엄연한 인도에서 신분이 높은 집안 젊은이라면 수많은 늙은 종들을 사람 취급도 안 하며 부릴 터인데, 동양인 늙은이라고 특별히 공경할 까닭이 있겠냐며 껄껄 웃었습니다.

궁금증이 풀렸습니다. 아주 작은 일이었지만 고대 인도에서부터 형성된 카스트 제도가 현대에 이르러 공식적으로는 폐지되었다고 하면서도, 굳건하게 박힌 뿌리는 모든 분야에서 여전히 영향력을 잃지 않고 있음을 새삼스레 느낄 수 있는 계기이기도 했습니다.

기차표를 여행사 같은 곳에 부탁하지 않고 직접 예매에 성공하고 나면 기분이 좋아집니다. 기차표 하나 사고서 좀 웃긴다고 할 수도 있겠지만, 실제 한번 해보면 이해가 될 겁니다. 내가 해냈다는 자부심도 생깁니다. 걱정거리 하나가 사라져 어깨도 가볍습니다. 그만큼 기차 이용이 인도 여행에서 차지하는 비중이 높습니다.

길거리 레스토랑에서 점심을 해결합니다. 위생적으로 잘 관리되는 음식은 아니지만 맛은 그만합니다. 인체는 아주 정밀한 화학공장 같아 좀 문제가 있는 음식물이 들어가면 자체적으로 적절히 조치해 큰 문제가 되지 않도록 조절하는 능력도 있는 것 같습니다. 너무 지저분해 내키지 않아도 한번 경험 삼아 길거리 음식에 도전해 보는 것도 괜찮을 것 같습니다.

● 기차표 예매를 한 다음 길거리 음식점에서 점심을 해결했다.

가벼웠던 마음도 역사적인 사건이 벌어졌던 중앙우체국 앞을 지나면서 무거워집니다. 콜카타는 간단하게 설명하기 힘든 배경이 있는 도시입니다. 저항과 항쟁의 아픔이 있는 곳이기도 합니다. 도시가 노후화되고, 정비가 느리고, 슬럼가가 많은 것도 그런 역사와 맞물려 있을지도 모를 일입니다.

● 중앙우체국 근처에 있는 공원. 작은 호수를 끼고 있어 휴식 공간으로 유용할 듯싶은데 관리가 잘되고 있지 않다.

　호수를 끼고 있는 작은 공원은 관리가 엉망이라 시민들 휴식 공간으로서 역할을 제대로 할 수는 없을 듯합니다. 관광객들도 많이 모이는 중심 지역에 방치한 듯 관리에 소홀한 것은 무슨 까닭인지 모르겠습니다. 정비를 좀 하고 청소만 말끔히 해도 훌륭한 휴식 공간이 될 것 같은데 안타까운 생각이 듭니다.

배워야 산다!

 맛있는 뿌리로 늦은 아침 식사를 하고 커피를 마시는 여유를 누립니다. 시간에 매이지 않는다는 것은 혼자 다니는 여행 좋은 점 중 하나이기도 합니다. 누구를 만나는 약속도, 어디를 꼭 가야 하는 일정도 없습니다. 나는 이번 인도 여행은 계획을 세우지 않았습니다. 콜카타 공항으로 입국한 것도 뭄바이나 델리보다 저렴한 가격으로 항공권을 살 수 있었기 때문입니다. 중인도 일대 웬만한 곳은 한두 번씩 다 다녀본 곳이라 유적지나 박물관, 사원 등도 동선에 들어간 곳은 없습니다. 꼭 가야겠다고 생각한 곳은 산치와 바라나시뿐입니다. 다른 일정은 제일 처음 인도에 왔을 때 다녔던 곳들을 다시 가볼 생각을 하고 있습니다.

바라나시는 인도에 관심이 없는 분들이라도 이름은 들어보았을 아주 유명한 곳이라 달리 설명할 필요가 없겠지요. 그런데 산치는 보팔 근처에 있는 작은 마을이라 잘 모르는 분들도 많을 것 같습니다.

산치는 기원전 3세기경 아소카대왕이 세운 돔 형태 스투파 대탑과 토라나가 있는 곳입니다. 규모가 크지 않아 2시간 정도면 둘러볼 수 있습니다. 불교에 관심이 없는 사람들은 잘 찾지 않는 곳입니다.

마을에는 그 외에 볼 것도, 할 일도 없어 반나절이면 족할 곳이지만, 나는 산치가 인도에서 가장 평화로운 곳으로 여겨집니다. 며칠을 묵어도 싫증이 나지 않을 것 같습니다. 만일 내가 인도에서 살아야 한다면 주저 없이 산치를 선택할 것입니다. 늦은 아침을 먹고 책이나 한 권 들고 대탑으로 올라가(현지인에게는 입장료가 부담되지 않는 금액입니다) 이파리 무성한 나무 밑에 놓인 긴 의자에서 졸리면 누워 낮잠도 자며 하루 종일 보내겠습니다.

계획 없이 왔다고 아무 생각 없이 돌아다니지는 않습니다. 한 도시에 머무는 시간이 정해지면 할 일들을 분류해 일정을 배분합니다. 그래서 오늘 할 일은 숙소에서 가까운 곳에서부터 시작해 가능하면 도보로 움직여 볼 계획입니다.

우선 숙소에서 15분 정도 거리에 있는 파크 스트리트 공동묘지를 거쳐 마더 테레사의 집, 콜카타 대학, 마지막으로 콜카타에서 유명한 금은방 거리로 갈 생각입니다. 설마 금붙이를 사려고 가겠습니까? 아닙니다. 다른 이유가 있습니다.

도보로 이동하는 데는 스마트폰 지도 검색이 퍽 유용합니다. 아직 능숙하게 사용하지는 못하지만 그래도 길 찾는 데는 이만한 게 없습니다. 지도 검색 사용법은 미국 여행을 하면서 초등학교 5학년짜리 손자에게서 배웠습니다. 빠르지 못한 이해력 때문에 갖은 수모를 받았지만, 무엇이든 배워두면 쓸모가 있는 법입니다. 속 좁은 할아버지는 그때 받은 서러움을 먹고 싶다는 것을 사 주지 않는 것으로 앙갚음했습니다. 나잇살이나 먹은 노인네가 옹졸하다고 나무라는 분이 있다면 한번 같이 다녀보라고 권하고 싶습니다. 인내심이 꽤 필요하다는 것을 금세 알 수 있을 겁니다.

나는 큰손주와 짧은 배낭여행을 같이 다닌 적이 있습니다. 유치원부터 초등학교 3학년까지 네 번입니다. 말레이시아 쿠칭, 인도네시아 수마트라 일부 지역, 싱가포르, 그리고 태국 치앙마이와 방콕입니다.

그중 가장 힘들었던 곳은 수마트라입니다. 우리가 갔던 곳은 유황가스가 분출되고 끓는 지하수가 솟구치는 시바약산을 오를 수 있는 브라스따기, 야생 오랑우탄을 만나는 밀림 트레킹을 할 수 있는 부킷라왕, 그리고 아주 오지라 많은 사람들이 찾지 않지만 코끼리 트레킹과 목욕시키는 특별한 체험을 할 수 있는 탕카한입니다.

아침을 먹으면서 하루 일정을 나름 자상하게 설명합니다. 들은 척하던 아이는 한마디로, 싫어, 합니다. 왜, 하고 물으면 힘들답니다. 힘든 건 사실이니 아니라고 할 수도 없습니다. 목소리가 높아지지 않게 조심하며, 그럼 너는 여기서 놀고 있어. 할아버지 혼자 갔다 올

게, 하며 일어납니다. 아이는 마지못해 따라나섭니다. 알았어요. 놀고 있을 테니 잘 다녀오세요, 했으면 미치고 팔짝 뛰는 건데 거기까지 아이 생각이 미치지 못한 게 그저 고마울 뿐입니다.

　브라스따기 근교에 낙차가 120m에 이르는 시피소피소 폭포가 있습니다. 폭포가 많은 인도네시아에서도 꽤 알려진 곳입니다. 폭포 아래까지 내려가는 길은 경사도가 심해 'ㄹ' 자를 흘려 쓴 모양처럼 구불구불합니다. 갈 때는 별말이 없더니 돌아올 때는, 다시 올라갈 거면 뭣 하러 내려왔냐고 진심을 담아 투정을 부립니다. 나는, 힘이 들면 위를 쳐다보지 말고 묵묵히 걸음을 옮겨보라고 권합니다. 한참을 걷다 좀 쉴 겸 허리를 펴고 올라온 길을 돌아보면, 떠났던 곳이 까마득히 멀리 보이고 꽤 많이 왔다는 것을 알 수 있을 거라고. 투덜거림이 없어진 것이 알아들어서인지, 말할 기운도 없어진 까닭인지는 모르겠습니다.

　그렇게 같이 다닌 아이가 벌써 고등학생이 되었습니다. 지금은 학교, 학원 다니느라 정신이 없습니다. 여행이야 원한다면 마다하지 않겠지만 시간이 나지 않습니다. 그래도 태어나서 기억에 남는 일 중 하나로 할아버지와 다닌 배낭여행을 꼽는다고 합니다. 요즘은 대학 합격하면 인도를 같이 가자고 내가 조릅니다. 과연 같이 가려고 할까요? 내가 그때까지 살기는 할까요?

　파크 스트리트는 콜카타 최대 상업 중심지입니다. 끝자락이긴 하지만 거기에 공동묘지가 있습니다. 1760년대에 만들어졌다는데 약 천육백 개 무덤이 있다고 합니다. 우리나라처럼 흙으로 봉분을 만드는 거의 같은 형태가 아니라, 작은 탑 같은 구조로 만들어 각기 고유한 특색이 있습니다. 다양한 묘비들도 눈길을 끕니다. 어린 자녀를 앞세운 부모가 만든 묘비는 마음을 아프게 합니다.

무덤 같은 으스스한 느낌보다는, 이런저런 생각을 하며 느릿느릿 걷기에 좋은 공원 같은 분위기입니다.

● 공동묘지. 각기 독특한 형태로 만든 탑 모양으로 공원 같은 느낌을 준다.

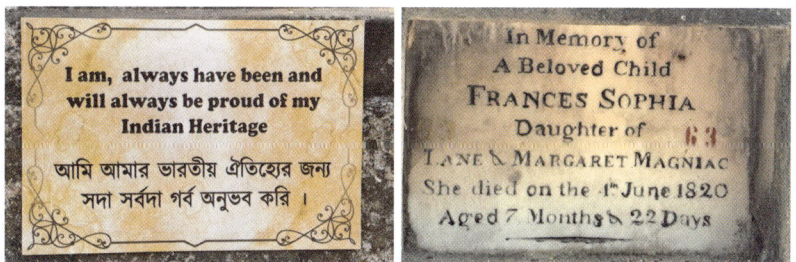

● 각종 비문. 7달 22일 만에 딸을 잃은 부모 사연도 있다.

● 마더 테레사 하우스 입구

　마더 테레사 수녀는 21세기에 성녀로 시성된 분입니다. 인도에서 빈민 구제를 위해 평생을 희생한 공로를 인정받아 노벨평화상을 수상하기도 했습니다. 수녀 시신이 안치된 마더 테레사 하우스에는 성녀를 추모하는 발길이 오늘도 이어지고 있습니다. 다른 사람들을 위해 반나절도 땀을 흘려보지 않은 나 같은 사람은 발치에 서 있는 것조차 부끄럽습니다. 그저 가장 낮은 곳에서 가장 고귀한 사랑을 베풀기 위해 태어나 주신 게 고마울 뿐입니다. 자원봉사를 하러 많은 젊은이가 온다는 것도 참 아름다운 일입니다.

　콜카타 대학 앞 거리, 길게 이어진 양쪽 도로에는 수많은 책방이 줄지어 있습니다. 헌책방도 있고 신간 서적을 취급하는 곳도 있습니다. 우리나라 대학 주변과는 참 많이 다른 모습입니다. 인도 도로

변은 주로 먹거리를 파는 점포나 노점들이 많습니다. 그런데 이곳은 먹거리 대신 책방이 자리 잡고 있습니다. '먹어야 산다.'가 '배워야 산다.'로 바뀐 현장입니다.

우리나라는 60~70년 전만 하더라도 "개천에서 용 난다."는 말이 있었습니다. 형편이 어려운 집 아이가 똑똑해 대학에 들어가고 고시에 합격하는 일을 빗댄 말입니다. 신분 상승이 이루어지는 미래가 보장되는 거죠.

인도는 어떨까요? 자본주의 경제 체제에서 빈부 격차는 필연입니다. 신분 구분이 확실한 사회인 인도는 아마도 개천에서 용 나기가 우리보다 더 어려울지도 모르겠습니다. 불가촉천민에게 가산점을 부여하는 입시 제도가 역차별이라고 철폐를 주장하는 여론도 있다고 합니다.

● 콜카타 대학 앞에는 예전 우리나라 청계천 책방 거리처럼 각종 서점이 모여 있다.

예전에 보았던 상징적인 장면이 떠오릅니다. 쿠시나가르, 붓다가 열반에 든 곳으로 열반당이 있습니다. 그곳에 갔을 때는 평일이었습니다(인도 국경일로 휴일이었는지는 모르겠습니다). 열반당으로 가는 길에서 어린아이들을 보았습니다. 학교에 갈 오전 시간인데 입성이랄 것도 없는 꾀죄죄한 차림에 가축을 돌보거나 밭일을 돕는 아이들이 있었습니다. 심지어 열반당 근처에는 구걸하는 아이들도 몇 있었습니다. 아이나 어른이나 구걸하는 무리가 많아 아예 신경 쓰지 않습니다.

그때 깨끗한 중형버스 한 대가 열반당 앞에 멈췄습니다. 그리고 세련된 교복을 입은 아이들이 버스에서 내렸습니다. 단정하고 깔끔한 모습이었습니다. 구걸하는 아이들과 비슷한 또래로 보였습니다. 아이들은 질서 있게 줄을 지어 인솔 교사를 따라 열반당 안으로 들어갔습니다. 견학을 온 아이들이었습니다.

나는 그 아이들을 바라보며 엉뚱한 생각을 했었습니다.

'두 부류 아이를 분류해 줄을 세우고 20년, 30년 후에 조사한다면 서 있는 위치가 바뀐 아이들이 몇 명이나 될까?'

안타깝게도 한 명도 없을 것 같은 생각이 들었습니다.

공식적으로 사라진 카스트 제도지만 뿌리는 아직 깊숙이 박혀 있습니다. 대학을 졸업한다고 신분이 바뀌지는 않겠지만, 어떤 분야에서든 능력을 발휘할 수 있는 기회는 많아질 겁니다. 멀리 내다보면 지금 배고픔을 견디며 배워야 사는 겁니다! 다행이랄까요. 책방이 있는 거리에는 사람들로 복작거렸습니다.

인도는 6살에서 14살까지 의무교육입니다. 그런데 학령기에도 학교에 보내지 않는 부모들이 많다고 합니다. 고민 끝에 교육 당국에서 점심 급식을 실시했답니다. 그랬더니 학교에 오는 아이들이 많이 늘었다고 합니다.

세계에는 수많은 직업군이 있고 생전 듣도 보도 못한 직업도 있다지만 콜카타에는 다른 곳에는 없는 유일한 직업이 있다고 합니다. 그래서 찾아간 곳이 유명한 금은방 거리입니다.

이 거리에는 수많은 금은방이 모여 있고, 여러 가지 제품들을 가공하는 세공소들이 딸려 있습니다. 금제품을 가공하는 과정에서 미세한 금가루들이 떨어지는데 작업이 끝나면 조심스럽게 쓸어 모아 다시 금으로 제련해 사용합니다. 아무리 작아도 금붙이니까 티끌만 한 것도 놓치지 않게 조심합니다. 그래도 그런 과정에도 걸리지 않고 먼지에 섞여 있는 아주 미세한 가루는 청소를 하는 과정에서 배수로를 통해 배출됩니다. 이 하수구에서 나오는 물에 섞인 금가루를 채집해 가공하는 사람들이 있답니다. 이들은 세공소와 일정한 금액으로 하수구를 독점 계약해 작업한답니다. 그렇게 모은 금은 다시 금은방에 판답니다.

나는 금은방 거리에서 이런 사람들을 만나지는 못했습니다. 나는 그들을 만나 작업하는 과정을 보고 한 달 수입이 얼마나 되는지 물어보고 싶었지만 좀 늦은 시간이라서일까요, 길거리에서 작업하는 사람들을 찾을 수 없었습니다. 아쉽지만 다음 기회를 기다려야 하겠습니다.

쿠바 아바나에 갔을 때 중앙공원에서 40대 초반으로 보이는 남자를 만난 적이 있습니다. 시티투어버스를 타려고 했는데 햇빛이 너무 강해 망설이고 있던 참입니다. 그때 옆에 있던 친구가 말을 걸었습니다. 특별한 기술 없이 잡일을 하는데 며칠 동안 일거리가 없어 쉬는 중이랍니다. 그래서 나는 그 친구에게 제안했습니다.

나는 지금 투어버스를 타려고 한다. 그런데 아바나 시내버스를 타보고 싶다. 네가 시간이 있으면 시내버스를 이용해 나를 비아술 버스터미널까지 데려다줘라. 그러면 투어버스 요금을 너를 주겠다. 투어버스 요금은 5CUC(약 7,500원)였습니다. 그 친구가 좋다며 일어났습니다. 다리를 절었습니다. 공사장에서 떨어져 다쳤답니다. 같이 버스 정류장으로 가는 길에 일회용 라이터를 주웠습니다. 작동하지 않아 버려진 것이지만 고치면 쓸 수 있다며 주머니에 넣었습니다.

이번 카트만두에 갔을 때 일회용 라이터 수리를 하는 사람을 보았습니다. 나사 하나 풀어 간단히 해체하고 가스를 채우고 라이터돌을 넣자 불이 켜졌습니다. 수리비로 얼마를 받는지 물어보지 못했습니다. 사진을 찍어도 좋으냐고 물어볼 염도 하지 못했습니다. 조그만 손가방 하나 들고 아주 사소한 물건들을 고쳐 하루에 얼마를 벌지는 모르겠지만 그리 큰돈이야 되겠습니까? 작은 체구에 인상이 밝고 좋았던 그분 모습이 가끔 생각이 납니다. 다음에 다시 만나면 차라도 한잔 같이 마시고 싶습니다.

메트로를 이용해 라벤드라 사단역에서 내려 버스를 탔습니다. 숙소로 오는 길에 병원 옆 공원에서 잠시 휴식을 취합니다. 오늘은 걸은 거리가 만만치 않아 다리가 뻑적지근합니다. 그래도 아직 이만큼 걸으며 여행할 수 있다는 게 다행이라고 생각됩니다. 이제 머지않아 살기 위해 건강을 챙기는지, 건강을 유지하기 위해 사는 건지 구분할 수 없는 때가 오겠지요. 아침에 뜬 해는 저녁이면 저물게 되어 있는 게 자연의 섭리이니 서럽게 생각할 것도 없습니다.

저녁을 먹기 위해 근처 음식점 검색을 합니다. 숙소가 좀 외진 곳이라 조용하긴 하지만 먹을 곳이 만만하지 않습니다. 꽤 괜찮아 보이는 음식점이 검색창에 뜹니다만 가격도 비싸고 걸어가기에 좀 부담스러워 망설여집니다. 결국 숙소 바로 앞 과일 가게에서 바나나 세 개와 사과 두 알을 샀습니다. 남아 있는 과자 한 봉지와 조촐한 식단으로 저녁을 차려야겠습니다.

힌두인의 성지 – 바라나시

● 힌두교인 영원한 성지 갠지스강, 바라나시

실제 가보지는 않았어도 이름은 들어 알고 있는 곳 바라나시는 힌두교 성지입니다. 갠지스강을 따라 우리에게는 화장터로 더 잘 알려진 가트가 있습니다. 가트는 물에서 뭍으로 이어진 계단을 뜻하는 말로 바라나시에만 있는 것은 아닙니다. 호수, 강, 바다 어디에서도 볼 수 있습니다. 바라나시는 가트가 끝나는 부근에 각종 상점과 게스트하우스, 음식점, 사원 등이 미로로 연결되어 있습니다. 한번 들어가면 출구를 찾기가 어렵습니다. 목표 지점으로 삼은 장소를 바로 찾아 나간다는 것은 거의 불가능합니다.

● 바라나시 미로 같은 골목. 사람만 다니는 게 아니라 소와 개들도 있다.

많은 힌두교인은 일생에 한 번이라도 이곳을 찾아 성스러운 강물을 마시고, 물에 몸을 담그고 깨끗이 씻기를 원합니다. 사실 마시기에 적절한 수질은 아닙니다. 이른 새벽이면 사람이나 소 배설물과 쓰레기를 수압이 강한 호스로 쓸어 강물로 흘려보냅니다. 배수로를 통해 유입되는 물은 정화 과정을 거치겠지만 그래도 마실 물은 절대 아닙니다.

그러나 평생소원이던 바라나시 갠지스강 순례를 온 힌두인들에게 강물은 성스러운 물입니다. 그들은 정성스럽게 머리를 감고, 몸을 씻고, 마시고, 큰 통에 담아 집으로 가져갑니다. 통에 담아 간 갠지스강 물을 자신들이 사는 동네 개울이나 우물에 한 방울씩만 뿌려도 갠지스강 물이 된다는 믿음이 있다고 합니다.

바라나시 가트는 이렇게 몰려든 순례자들과 관광객들로 항상 북적거리는 곳입니다. 바라나시에서 그리 멀지 않은 곳에는 보드가야 보리수 아래에서 깨달음을 얻은 붓다가 첫 설법을 한 장소인 사르나트가 있어 불자들 발걸음이 항상 분주한 곳이기도 합니다.

마니까르니까 가트를 중심으로 하루에도 수백 구 시신이 화장됩니다. 힌두교인들은 이곳에서 화장되어 강물에 뿌려지면 윤회의 굴레에서 벗어날 수 있다고 믿습니다. 가트로 이어지는 골목에 앉아 있으면 대나무를 엮어 만든 들것으로 운구되는 시신이 수시로 지나가는 것을 볼 수 있습니다. 시신을 운구하는 사람들은 일정한 음률로 "람람싸드야헤"를 반복하는데 '라마신은 알고 계신다.'는 뜻이라고 합니다.

운구된 시신은 강물로 정화하는 의식을 치르고, 유족들과 작별 인사를 나눈 후 장작더미에 옮겨져 시바의 불에서 채화한 불씨에 의해 점화가 됩니다. 유족 중에 통곡하는 사람도 없고, 그리 슬퍼하는 것처럼 보이지도 않습니다. 윤회설에 의해 다시 태어날 것을 믿는 힌두교인이라 생사를 초월해 그런 걸까요?

화장을 위한 장작은 저울로 무게를 달아 파는데 값이 꽤 비싸답니다. 가난한 사람들은 장작을 풍족하게 사지 못해 완전히 타지 않고 남은 부분들은 그냥 강물에 버린다고 합니다. 배를 타고 강물을 거슬러 올라가다 보면 드물게, 떠다니는 시신을 만나는 수도 있답니다.

● 매일 저녁 다사스와메드 가트에서는 힌두교 예배 의식인 뿌자가 열린다.

저녁에는 다사스와메드 가트에서 힌두교 예배 의식인 뿌자가 열립니다. 옷차림이 화려한 젊은 사제들이 역시 화려하게 장식한 등을 들고 의식을 진행합니다. 이런 뿌자는 리쉬케시나 네팔 포카라에서도 볼 수 있는데, 이곳이 가장 규모가 크고 화려하며 참여하는 사람들도 많습니다. 외국인 관광객들도 모여듭니다.

"뿌자의 의미는 바치다는 뜻으로 힌두교 예배나 제사에서 음식이나 물, 꽃 등을 신에게 바치는 의식을 말합니다. 이 때문에 음식과 물은 신성한 것으로 여겨지며, 이러한 바치는 행위를 통해 개인은 신에게 감사하고 경의를 표하며 신과의 교감을 강화하고자 합니다.

뿌자는 다양한 형태로 이루어질 수 있으며, 특히 가정에서는 매일 가정 제물로 뿌자를 실시하기도 합니다. 또한, 특별한 축제나 기념일, 종교적인 행사 등에서도 뿌자가 중요한 의식으로 존재합니다. 힌두교 뿌자 의식은 신성하고, 감사의 정신을 담고 있으며, 힌두교 신앙과 문화의 중요한 측면 중 하나로 여겨집니다."

(이상 큰따옴표로 묶은 부분은 ChatGPT 설명을 간추린 것입니다)

콜카타를 떠나 보드가야에서 이틀을 보냈습니다.

보드가야는 기원전 563년경 오늘날 인도와 네팔 사이 히말라야 산기슭에 있던 사카족 왕국 왕자로 태어난 고타마 싯다르타가 깨달음을 얻어 붓다(깨달은 자)로 다시 태어난 곳입니다. 평화롭고 안락한 어린 시절을 보내던 싯다르타는 어느 날 성문 밖을 나가, 태어나 늙고 병들어 죽어가는 사람들을 보고, 인간 존재에 대한 근원적인 문제에 천착하게 됩니다. 결국 싯다르타는 29살에 가족과 신분을 버리고 왕국을 나와 구도의 길로 들어섭니다. 6년에 걸친 고행 수련에도 답을 얻지 못한 싯다르타는 보드가야 보리수 아래에서 참선에 들어갑니다. 그리고 49일간 정진 끝에 마침내 깨달음을 얻게 됩니다.

이 정도 이야기는 웬만한 사람들은 다 잘 알고 있을 겁니다. 왜냐하면 세계 3대 성인 중 한 분인 붓다에 관한 이야기이기 때문입니다. 그런데 장삼이사들에게도 싯다르타가 그랬던 것처럼 삶의 어느 순간에 지금까지 살아온 것과는 전혀 다른 길을 선택하게 되는 변곡점을 마주하게 되는 경우가 있습니다. 물론 그래서 일어난 변화가 모두 사회적 울림을 준다거나 역사적으로 기록될 만큼 획기적일 수는 없겠지만, 적어도 자신과 그 주변 소수에게 큰 영향을 끼칠 것은 분명합니다.

내게도 그런 일이 있었습니다. 1991년 9월 하순에 수도권 일대에 엄청난 폭우가 쏟아진 적이 있습니다. 그 당시 가을장마로 경기도 광주에 있는 경안천 제방이 무너져 주변 일대가 침수되고 5~6명 인명 피해도 있었습니다. 용인에 있는 천주교 공원묘지 일부가 무너져 유골이 유실되는 사고도 있었습니다.

그 당시 경안천 변에 내가 책임자로 있던 공장이 물에 잠겨 큰 피해를 보았습니다. 규모가 크진 않았으나 가격도 만만치 않은 정밀한 기계들이 진흙탕에 잠겨 복구하는 데 애를 먹었습니다. 천만다행인 것은 기숙사도 물에 잠겼는데 다섯 명 있던 직원들은 공장 2층으로 피신해 인명 피해가 없었다는 점입니다.

새벽 2시에 전화를 받고 폭우에 막힌 도로를 빙빙 돌아 간신히 공장 입구에 도착했습니다. 공장은 큰길에서 100여 미터 더 들어가야 하는데 물이 넘쳐 접근할 수 없었습니다. 전기 공급이 끊겨 불빛 하나 보이지 않는 그야말로 칠흑 같은 어둠이었습니다. 입구 주변이

농경지였는데 수확을 앞두었던 벼는 간데없고 거대한 물길이 넘실대는 호숫가에 서 있는 기분이었습니다. 말 그대로 상전벽해(桑田碧海)였습니다.

할 수 있는 일이라고는 큰길가에 있는 배터리 가게에서 전화로 상황을 물어보는 게 전부였습니다. 비가 소강상태라 위험하지는 않은 것 같은데 너무 추워 망가진 나무 의자를 부수어 불을 지폈다고 했습니다. 직원들은 날이 밝은 다음에 구조대 도움으로 보트를 타고 나왔습니다.

힘든 시간이 지나면서 시설은 복구되었지만 나는 회복되지 못했습니다. 그날 밤 물에 잠긴 건물을 바라보며 느꼈던 깊은 무력감에서 헤어날 수 없었습니다. 비가 더 쏟아져 고립된 직원들이 물길에 휩싸여 목숨을 잃는다 해도 내가 할 수 있는 일은 아무것도 없었습니다. 그토록 허약한 존재가 무엇인가를 성취하겠다며 아옹다옹하며 살고 있는 모습이 너무나 초라하고 하찮게 여겨졌습니다.

나는 과연 내가 지금까지 내 길을 걸어 여기까지 왔는지 찬찬히 살펴보기 시작했습니다. 마치 다른 사람을 대하듯 냉정한 시선으로 바라보자 전혀 어울리지 않는 옷을 입고 있는 내 모습을 발견할 수 있었습니다. 규모와 관계없이 사업이라는 분야에는 열정도, 자질도, 능력도 전혀 없다는 것은 분명했습니다. 한때 성취를 이룬 듯 보이는 결과도 외적 조건에 따른 신기루에 지나지 않았습니다.

그뿐만 아니라 마흔 중반까지 살아온 길은 내가 원하는 삶을 살기 위한 방편으로 생각했으나 이룰 가망이 전혀 없다는 것을, 힘들고 괴롭지만, 인정하지 않으면 안 되었습니다. 그래서 고타마 싯다르타가 그랬던 것처럼 지금까지 내 삶의 터전이었던 성을 나왔습니다. 하지만 내게는 깨달음을 얻기 위한 구도의 길이 아니라 내 삶의 방향을 다시 찾기 위한 혼돈의 시간이었습니다.

생계를 유지하며 자기가 하고 싶은 일을 하고 살고 있는 사람들은 그리 많지 않은 듯싶습니다. 원하는 일을 하며 돈을 벌어 살 수 있다면 가장 좋겠지만 십중팔구는 둘 중 하나를 선택해야 할 처지가 됩니다. 의식주 해결이 생존 기본 조건이기 때문에 대부분 먹고살기 위해 일을 하게 됩니다. 하지만 모든 일에 대한 자신과 의욕이 사라진 상태에서 나는 소설가가 되고 싶다고 생각했습니다.

꽤 엉뚱한 듯 보이겠지만 나름대로 많은 생각 끝에 내린 결정이었습니다. 하지만 이유는 단순합니다. 내가 어렸을 때부터 해보고 싶었던 일이고, 소설 공부하는 데는 큰 비용이 들지 않는다는 점이었습니다. 자본이 투입되는 일이 아니었으니 내가 실패하더라도 대출금이 남을 리는 없었습니다.

바라나시 정션역에서 오토릭샤로 고들리아로 가 사이클릭샤로 갈아타고 다사스와메드 가트 입구까지 갑니다. 고들리아에서 그곳까지는 오토릭샤 통행이 금지되어 있습니다. 이제 스마트폰 지도 검색으로도 찾기 어려울 미로를 따라 예약한 숙소로 가야 합니다. 어두워진 골목을 헤집고 다닐 자신이 없습니다. 그러나 걱정은 떨쳐버려도 좋습니다.

사이클릭샤 요금을 치르는 동안 내 주변으로 사람들이 여럿 모여 듭니다. 나는 그들에게 예약한 숙소 이름을 적은 메모를 보여줍니다. 그중 한 사람이 자기가 알고 있다며 안내하겠다고 나섭니다. 나는 그 사람을 따라가기만 하면 됩니다. 물론 외국인에게 베푸는 공짜 호의는 아닙니다. 그러나 마치 기다리고 있었던 사람처럼, 짜잔 나타나 고민을 풀어주니 수고비 약간은 그리 아깝지 않습니다. 어두워진 다음 바라나시 가트나 골목길은 위험할 수도 있으니, 혼자 돌아다니지 않는 게 좋다고 말들 합니다.

10여 분쯤 걸려 바나라스 레스트하우스에 도착했습니다. 예약한 숙소입니다. 나는 30루피를 수고비로 주었습니다. 500원 정도 되는 돈이지만 로컬 식당에서는 한 끼 식사를 해결할 수 있을 겁니다. 그리 불만이 없는 듯 말없이 돌아서 갑니다.

● 바라나시 정션역 앞 광장. 엄청나게 혼잡하고 호객 행위로 정신이 없던 곳이었는데 오토릭샤들이 질서정연하게 줄지어 서 있는 모습에 깜짝 놀랐다.

나는 돈을 꽤 아끼는 편이고 택시나 오토릭샤를 탈 때는 달라는 값 반 정도에서 흥정을 시작합니다. 인도에서 우버를 이용하기는 아직 수월하지 않지만, 거리와 요금을 가늠해 볼 수는 있어 흥정할 때 도움이 됩니다. 그러나 사이클릭샤같이 사람 힘으로 움직이는 탈것을 이용할 때는 아주 터무니없는 요금을 요구하지 않는 한 그냥 달라는 대로 줍니다. 약간 경사진 길을 올라갈 때 실룩거리는 엉덩이를 보면 뒷자리에 편히 앉아 가는 게 미안하게 여겨지기도 하니까요. 경사도가 조금만 심해져도 내려서 밀어야 합니다.

콜카타를 처음 갔을 때 일입니다. 콜카타는 다양한 탈것들이 다 모여 있는 도시입니다. 메트로와 트램이 있고, 우리나라 구한말처럼 인력거도 있습니다. 콜카타에 도착한 첫날, 숙소가 있었던 서더 스트리트에서 마더 테레사 하우스까지 인력거를 이용한 적이 있었습니다. 마더 테레사 하우스 앞에서 20분 정도 기다려 다시 숙소로 돌아오는 왕복으로 80루피를 달라고 했습니다.

숙소로 돌아와 100루피를 주었습니다. 그랬더니 다음 날 아침부터 숙소 앞에서 기다리다 나를 보면 오늘은 어디를 갈 거냐고 묻는 겁니다. 유감스럽게도 인력거를 이용할 만한 곳들이 아니어서 다시는 탈 기회가 없었습니다. 100루피라는 적은 돈으로 한 사람을 잠시나마 흡족하게 해줄 수 있었으니, 돈으로 할 수 있는 일들이 참 많을 것 같다는 생각도 들었습니다.

숙소 근처에서 저녁을 먹었습니다. 어떤 사람들은 맛있는 음식을 먹기 위해 여행하기도 합니다. 그런데 나는 음식에는 별로 관심이 없습니다. 어떤 나라를 가면 그저 로컬 식당에서 그 나라 음식을 먹습니다. 한식은 가격이 비싸 자주 먹지 않습니다. 그런데 내일은 라가 카페에서 비빔밥을 먹겠다고 생각하고 있습니다. 라가 카페는 현지인과 결혼한 한국인 여성이 운영하는 한식 전문 식당입니다. 바라나시에 처음 왔을 때 세 식구가 맛있는 저녁을 먹었던 기억이 있기에 다시 한번 가보고 싶습니다.

그런데 서운하게도 다음 날 찾은 라가 카페는 문을 닫은 상태였습니다. 미련이 남아 서성거리는 내게 어떤 사람이 코로나 때문에 문을 닫았다고 알려주었습니다. 몇 년 동안 한국인 여행객들 발길이 끊겼는데 견뎌낼 수가 없었겠지요. 다시 문을 열었다는 소식을 들으면 한번 찾아올 수 있을까요?

'해리 포터'에 나오는 순간이동 마법을 사용할 수 있으면 얼마나 좋을까요. 오늘 점심은 비빔밥을 먹으러 라가 카페로 가야지, 하면 불과 몇 초 만에 바라나시 가트에 가볍게 도착할 수 있을 테니까요. 그러면 라가 카페는 여전히 문을 열고 있겠지요? 그런데 출입국 신고는 어떻게 처리해야 하는지 모르겠네요.

바라나시 가트에서 놀기

아침에 일어나 가트로 나갑니다. 오늘은 바라나시 가트 주변에서 어슬렁거리며 놀 예정입니다.

갠지스강 주변에는 수십 개 가트가 있지만, 그중에서 사람들이 가장 많이 찾는 가트는 아씨, 다사스와메드, 마니까르니까 가트입니다. 아씨 가트에서 마니까르니까 가트, 혹은 그 반대로 강을 따라 걸으면서 가트 순례를 합니다. 가트는 계단이기 때문에 시선을 다른 곳에 두고 걸으면 사고가 날 염려가 있으니 조심해야 합니다.

처음 이곳을 왔을 때 이른 아침에는 가트 곳곳에 있는 평평한 공간에 사람들 배설물이 그득했었습니다만 이제는 다른 모습입니다.

사람들 주거 환경이 개선되거나 오랜 습관이 고쳐질 리는 없을 터이니, 해 뜨기 전에 청소를 다 하는 것 같습니다. 해가 뜰 무렵이면 갠지스강에서 배를 타고 일출을 맞으려는 사람들로 북새통을 이루니까요. 하수구 같은 곳에는 하얀 가루가 보이고 소독약 냄새가 납니다. 그래서인지 극성스러운 모기떼에 시달리지 않아도 됩니다. 육안으로 보는 수질도 많이 개선된 것처럼 보입니다.

아씨 가트는 강 하류 쪽에 있습니다. 중급 정도 숙소들이 몰려 있고, 오랜 세월 피자와 스파게티로 사랑받는 피자리아 같은 레스토랑이나, 꽤 손맛이 좋은 인도 음식점이 있어 좀 한적하고 조용한 곳을 좋아하는 사람들이 찾습니다.

● 아씨 가트 입구. 이 근처에 바라나시를 처음 왔을 때 묵었던 숙소가 있다.

다사스와메드 가트는 매일 저녁 뿌자 예식이 거행되는 곳입니다.

저렴한 숙소와 음식점들이 몰려 있어 주로 배낭여행자들이 많이 모입니다.

- 다사스와메드 가트. 바라나시에서 가장 번잡한 가트. 해맞이 뱃놀이에서 저녁 뿌자까지 온종일 사람들로 붐비는 곳이다. 그런 만큼 축복을 빌어주는 힌두교 사두, 길거리 마사지사도 많다.

- 마니까르니까 가트. 화장터로 유명한 가트. 이곳에서 하루에 250구에서 300구 정도까지 화장한단다. 사진 촬영을 엄격하게 통제하고 있다. 배를 타고 강 쪽에서 찍은 사진이다.

마니까르니까 가트는 화장터입니다. 다른 가트에서도 화장하지만, 시신 대부분은 이곳에서 처리됩니다. 완전히 개방된 장소에서 장작더미 사이에 시신을 넣고 태우는 원시적인 방법은 처음 보는 사람들에게는 퍽 생경하게 보일 듯싶습니다. 심약한 사람들은 충격을 받을 수도 있으니 조심해야 합니다.

마니까르니까 가트로 올라가자 말끔한 차림을 한 신사가 안내를 해주겠다고 말을 겁니다. 돈이 없어 장작을 못 사는 가난한 사람들을 도와주는 일을 하고 있답니다. 기부금을 달라는 말입니다. 시신 한 구를 화장하는 데 150kg 정도 장작이 필요하답니다. 가격은 15,000루피 정도랍니다. 우리나라 돈으로 약 26만 원 되는 금액이니 서민들 입장에서는 엄청나게 부담이 될 것 같습니다. 참고로 인도 최저 임금은 주마다 다르고 직종, 숙련도에 따라 차이가 많습니다만, 2022년도 정부 기준으로는 1일 178루피(약 3,115원)입니다. 한 달을 꼬박 일해도 5,340루피, 한국 돈으로 93,450원입니다.

장작은 반얀나무나 망고나무를 주로 사용한답니다. 이곳에서는 매일 250구에서 300구 정도 시신을 화장한답니다. 장작 가격이나 이 수치들은 달리 확인해 보지 못했기에 정확하지 않을 수도 있습니다.

그는 제일 먼저 시바의 불을 보여줍니다. 화장을 시작할 준비가 끝나면 그곳에서 불씨를 얻어 장작에 불을 붙인답니다. 그 불은 3,000년 동안 꺼지지 않고 계속 타고 있답니다. 이곳에서는 24시간 화장이 계속된다고 합니다.

● 시바의 불. 화장 준비가 끝나면 여기서 채화한 불로 장작에 불을 붙인다. 3,000년 동안 꺼지지 않은 불이라고 한다.

그는 화장터 모습이 한눈에 들어오는 망루 같은 구조물 2층으로 안내합니다. 그리고 보도용이나 잡지나 책자 인쇄용으로 쓰지 않는다는 것을 조건으로 사진을 찍어도 좋다고 합니다. 사진 촬영은 엄격히 통제되고 있는데 어쨌든 화장터 모습을 스마트폰에 저장할 수는 있었습니다. 그러나 여기에 올릴 수는 없는 게 유감입니다.

헤어지면서 고맙다는 인사와 500루피(약 8,700원)를 주었습니다. 내가 머무는 숙소 하루 비용이 800루피이니, 배낭여행자 형편에서는 기부금으로 그리 적은 액수는 아니라고 생각됩니다. 아마도 인도를 조금 아는 사람들이라면 대부분 속았다고 할 것입니다. 나도 십중팔구 그러리라고 생각합니다. 그러나 아주 낮은 확률이라도 내가 준 돈 일부가 장작 몇 개비 사는 데 사용된다면, 한 존재가 평안하게 영면하는 데 조금 힘을 보탠 셈이니 보람 있는 일이 되지 않겠습니까? 확률은 낮겠으나 그렇게 되기를 기대합니다. 장례식에 와 조의금을 낸다고 생각하면 그리 억울할 일도 아닙니다.

인도에서 기부금 명목으로 돈을 뜯는 행위는 고전적 수법입니다. 한국인 여행자라면 카주라호 같은 곳에서 많이 당해보았을 겁니다. 아이들을 모아놓은 그럴듯하게 꾸민 교실과, 당한 줄도 모르는 사람들이 남긴 진심 어린 격려 글이 담긴 방명록을 보여주며 돈을 뜯어내는 수법입니다.

보드가야에 가면 수자타 마을에 똑같은 형태로 자발적인 기부금을 강요하는 곳이 있습니다. 모순되는 문장입니다만, 자원봉사자 선생님이란 분 안내를 따라 아이들 극진한 환대 인사를 받으면 웬만큼 강심장을 가진 사람이라도 그냥 나올 수가 없게 되기 때문입니다. 100불을 냈다는 사람도 있는데 얼마를 내야 할지 혼돈이 옵니다. 카주라호나 수자타 마을은 교통이 좋지 않은 곳이기에, 배낭여행자들은 안내하는 현지인 오토바이 뒷자리에 타고 가기 마련인데, 애초부터 그런 곳은 가지 않겠다는 명확한 뜻을 밝히는 게 좋을 것 같기도 합니다.

● 아씨 가트에 있는 레스토랑 피자리아. 피자와 스파게티가 사랑받는 메뉴다. 갠지스강을 바라보는 탁 트인 전망이 좋다.

점심을 먹을 겸 아씨 가트로 내려왔습니다. 피자리아에서 스파게티를 먹을 생각입니다. 바라나시에 올 때마다 한 번은 들르는 집입니다. 테라스에서 바라보는 탁 트인 갠지스강 전망이 넓고 좋습니다. 스파게티 맛도 그만하고요. 시원한 맥주 생각이 납니다만, 값도 비싸고, 점심이고, 저녁에 라가 카페에 가면 마실 것 같아 참기로 합니다.

인도는 술을 아무 곳에서나 살 수 없습니다. 허가를 받은 주류 판매점으로 가야 하는데 여행자들이 찾기는 좀 어렵습니다. 관광객이 주로 찾는 레스토랑에서는 맥주를 비롯한 주류를 판매합니다만 가격은 만만하지 않습니다. 맥주 한 병에 350루피 정도 합니다. 인도는 음주에 그리 너그러운 나라는 아닌 듯싶습니다.

점심을 먹고 테이블에서 계산을 마치고 밖으로 나가는데 누군가 부릅니다. 돌아보니 웨이터가 탁자에 놓고 온 전화기를 건네줍니다. 팁을 조금 놓고 온 게 잘했다는 생각이 듭니다. 이런 일이 오르차에서도 있었습니다. 그곳 여행사에서 잔시에서 카주라호까지 가는 기차표 예매를 부탁하고 요금을 치르느라 꺼낸 지갑을 그냥 탁자 위에 놓고 나온 겁니다. 뒤에서 부르는 소리에 돌아보니 직원이 지갑을 들고 쫓아옵니다. 지갑에 큰돈이 들지는 않았지만 어쨌든 잃어버렸으면 불편한 일이 있었겠지요. 이렇게 돌려주니 참 고마운 일입니다.

인도 여행 중에 겪은 일들은 대부분 불편하거나 이해하기 힘든 것들이 많습니다. 좋은 일들이 별로 없다는 뜻입니다. 우다이푸르에서는 정말 이해하기 힘든 일이 있었습니다. 저녁 시간에 할 일이 없어 숙소 근처에 있는 공연장을 찾았습니다. 인형극이었고 관객들은 아이들을 동반한 가족들이 대부분이었습니다. 내 왼편 옆자리에도 5~6살 정도 되었을 것 같은 아이가, 그 옆에는 아버지 또는 삼촌처럼 보이는 어른이 앉아 있었습니다.

공연이 시작된 지 30분 정도 지났을까, 다소 코믹한 내용이었는지 관중들 호응이 높아졌고, 웃음소리가 이어졌습니다. 말을 알아들을 수 없는 나는 좀 무료했는데, 지갑을 넣고 있었던 왼쪽 바지 주머니에 작은 손 감촉이 느껴졌습니다. 흘깃 곁눈질로 보자 옆자리 아이가 내 주머니로 손을 넣는 중이었습니다. 이걸 어찌해야 할까 잠시 망설였으나 소란스럽게 만들어 이로울 게 없을 듯싶었습니다. 나는 아이 손이 지갑에 닿기까지 기다려 가만히 잡아 아이 허벅지 위에 올려놓았습니다. 아이도 나도, 아이 보호자도 아무 일도 없었던 것처럼 공연을 끝까지 다 보고 헤어졌습니다.

아이가 스스로 다른 사람 주머니에 손을 넣는 짓을 시작했을까요? 만일 지갑을 몰래 꺼냈다면 누구에게 주었을까요? 대답은 분명하지 않겠습니까? 이런 일들이 일어나는 인도지만, 놓고 나온 물건을 돌려주기도 하는 게 또 인도이기도 합니다.

우리나라보다 스물여덟 배나 많은 14억 인구가 사는 나라, 별 희한한 일들이 벌어지더라도 그리 놀랄 것도 없을 것 같습니다. 별별 일들이 다 일어나는 나라를 돌아다니는 것은 그야말로 익사이팅한 여행이 되지 않겠습니까? 용기를 내어 인도 여행에 도전해 보시기 바랍니다.

갠지스강 해맞이

 오늘은 이른 아침 뱃놀이를 하러 가트로 내려갑니다. 다사스와메드 가트 주변이 가장 붐비는 뱃놀이 시장입니다. 일몰보다는 일출 무렵에 사람들이 더 많은 듯싶습니다. 깨끗한 하늘은 아니지만 안개가 끼지 않아 해맞이하기에 그리 나쁘지는 않을 듯합니다.

 어느 배를 타도 다 비슷하겠지만, 적절한 가격에 적당한 인원을 수용한 배를 고를 생각인데 그게 생각만큼 쉽지 않습니다. 잘은 모르겠으나 이곳에도 어떤 불문율에 의한 위계질서가 있는 듯 보입니다. 이곳 실정을 잘 모르는, 달리 말하면 바가지를 씌울 수 있을 것 같은 외국인에게 먼저 흥정할 수 있는 권리 같은 것?

● 갠지스강 일출

　나는 300루피에 구명조끼가 있고, 열댓 명 정도 손님으로 떠날 준비가 된 동력선을 선택했습니다. 우리나라 돈으로 5,000원 정도인데, 외국에서 돈을 쓸 때는 그 나라 물가 수준에 비추어 가늠해야 합니다. 5,000원이면 커피 한 잔 값이라고 가볍게 생각할 수도 있지만, 인도 물가와 생활 수준을 본다면 적은 금액이 아닙니다. 아마도 현지인이라면 그 돈을 가지고 할 수 있는 게 꽤 많을 겁니다.
　갠지스강을 오르내리며 해맞이를 하고, 건너편 모래톱에서 짜이도 한 잔 마시고, 마니까르니까 가트를 돌아 떠났던 곳으로 돌아옵니다. 떠난다는 것은 항상 돌아온다는 것을 전제로 합니다. 여행도 마찬가지입니다.

● 힌두교 순례자들. 평생 한 번이라도 갠지스강 물을 마시고 몸을 씻는 정화 의식을 소망한다.

　나는 여행은 떠났던 곳으로 다시 돌아가는 과정이라고 생각합니다. 여행하는 동안 여러 가지 일들을 겪습니다. 실수도 저지르고, 시행착오로 고생도 하고, 중요한 물건을 잃어버리기도 하고, 엉뚱한 길로 빠져 위험한 순간을 맞기도 합니다. 물론 나쁘고 힘든 일만 벌어지는 것은 아닙니다. 예기치 못한 즐거운 일들을 경험하기도 하고, 신비로운 광경에 넋을 잃기도 하고, 운명 같은 만남은 평생 이어지는 우정이나 사랑의 계기가 되기도 합니다. 그렇게 시간이 얼마를 흐르든, 언젠가는 떠났던 자리로 되돌아갑니다.

가끔, 우리 삶도 한 생명체의 긴 여정에서, 태어나기 전 상태로 다시 돌아가는 과정이고, 죽음이 그 끝이라는 생각을 합니다. 흔히 말하듯, 벌거벗은 맨몸으로 태어나 수의 한 벌 걸친 채, 무사히, 안전하게, 순수한 상태로 돌아가야 합니다. 그래야 오염되지 않는 삶을 마감하게 되는 겁니다.

죽음이 두려운 것은 여행의 출발점과는 달리 돌아갈 곳이 어딘지, 어떤 곳인지, 있기는 한 것인지조차 알 수 없는 다른 차원의 공간이기 때문일 겁니다. 모르는 세계에 발을 디뎌야 하는 공포는 실제보다 더 심장을 쫄깃하게 만듭니다.

길거리에서 뿌리로 아침을 먹고 다시 가트로 내려와 그늘진 곳을 찾아 강을 바라보고 앉았습니다. 바라나시에서 보내는 마지막 날입니다. 오후에는 산치로 갈 예정입니다.

내가 앉아 있는 가트 뒤편으로 가파른 계단을 올라가면 숙소 두 곳이 이웃하고 있습니다. 올라가는 사람 편에서 왼쪽은 가격이 좀 나가는 별 세 개쯤 되는 호텔이고, 오른쪽은 다인실 중심으로 운영하는 게스트하우스입니다. 나는 이 숙소에서 딱 하루 묵은 적이 있습니다. 함피를 가기 위해 하이데라바드로 갈 생각이었는데, 바로 연결되는 열차표를 구하지 못해 하루 묵을 수밖에 없었습니다.

예약이 없었기에 숙소를 구하러 다니다 발견한 게스트하우스, 부담되는 가격은 아니었지만 좀 어둡고 음습해 둘러보고 그냥 나왔습니다. 그런데 가트를 몇 걸음 내려오다 선글라스를 놓고 왔다는 것을 알았습니다.

안경은 내가 둘러보던 방 침대 위에 그대로 있었습니다. 다시 나오기가 미안해 머뭇거리자, 주인은 가격을 좀 내려주겠다고 했습니다. 하루만 묵으면 되는데 아무려면 어떨까 싶어 침대 하나를 얻었습니다. 그런데 저녁을 먹고 돌아올 때까지 다른 손님은 없었습니다.

대충 샤워를 하고 잠자리에 들었습니다만 잠은 쉬이 오지 않았습니다. 늘 주변이 너무 시끄럽고 번잡해 짜증이 났었는데, 지금은 어두침침하고 적막한 게 스산하고 무섭다는 생각이 들기 시작했습니다. 누군가 나를 제압해 목을 조르고 무거운 돌을 매달아 강물에 던져버리면, 영영 실종자로 남을 것 같았습니다. 배낭 하나 없애버리면 내가 여기 왔던 흔적은 남을 게 아무것도 없을 테니까요.

결국 자리에서 일어나 로비로 내려갔습니다. 우선 환한 불빛에 마음이 놓이고 불안감이 줄어들었습니다. 심심해서 왔다니까 주인이 차를 한 잔 주었습니다.

그리 넓지 않은 사무실 벽에는 수예품들이 걸려 있었습니다. 문외한 눈으로 보아도 꽤 정성을 쏟은 솜씨로 보였습니다. 내가 관심을 보이자, 주인은 딸들이 만든 작품이라며, 개인전도 연 작가라고 했습니다. 딸만 셋을 두었는데 큰딸은 결혼하고 둘은 미혼인데, 남은 두 딸을 시집보내기 위해 이 집을 팔아야 할지도 모르겠다며 한숨을 쉬었습니다.

경우는 다르나 지참금 문제는 남자에게도 있는 듯싶습니다. 첸나이를 가는 기차 침대칸에서 한 젊은이를 만난 적이 있습니다. 이틀을 기차 안에서 같이 보내야 하니 자연 이런저런 이야기를 나누게 되었습니다. 대학을 졸업하고 반도체 회사에 근무한답니다. 훤칠한 키는 아니지만 생김새도 준수하고 신랑감으로 손색이 없을 듯합니다. 사귀는 여자가 있는데 결혼은 못 할 것 같다고 합니다. 가세가 신랑에 걸맞은 지참금을 가져올 형편이 안 된답니다. 자기 아버지가 절대 허락하지 않을 거라며, 만약 고집을 부리면 자기는 죽는다며 칼에 목이 베이는 시늉을 합니다.

게스트하우스 주인이 집을 팔아 두 딸 시집을 보냈는지, 이 젊은 이가 우여곡절을 극복하고 사랑의 결실을 이뤘는지, 아니면 고집을 부리다가 아버지에게 목이 잘려 죽었는지 알지는 못합니다. 그런데 그날 주인과 나눈 이야기 중에서 아직 또렷하게 기억에 남아 있는 말이 있습니다.

내가, 한국 사람들은 인도는 여행하기에 좀 위험하다고 생각하는 경향이 있는 것 같다고 했더니 주인은 정색하며 이렇게 말했습니다.

"어떤 한국인이 으슥한 곳에서 강도를 만나 돈을 뺏기고 몸도 상했다고 치자. 그렇지만 그런 일이 일어난 것은 인도였기 때문이 아니라 바로 그 사람이, 그 시간에, 거기 있었기 때문이다. 카르마다."

카르마는 업, 또는 업보를 뜻합니다.

힌두교나 불교에서는 중생들은 살면서 저지른 행위 공과에 따라 그에 합당한 대가를 받는다고 합니다. 선한 행위에는 좋은 보답이, 악한 행위에는 고통스러운 벌이 따른다는 말입니다. 죽는다고 업보가 없어지는 것이 아니라 다음 생으로 이어진다고 믿습니다. 몇 겁(劫)이 되는 길고 긴 세월이 지나더라도 선한 공덕을 부지런히 쌓아

악업을 말끔히 지우고, 해탈에 이르러 윤회의 굴레에서 벗어나지 않는 한 저절로 사라지지는 않는다고 합니다. 게스트하우스 주인 말대로 살면서 화를 당해도, 내가 그 시간에, 거기 있었기 때문이니 누굴 탓할 수도 없습니다. 그러니 우리 삶이 고달플 수밖에요.

"태어나지 않는 게 가장 좋은 일이다."라고 말한 분들이 있습니다. 그분들 주장이 불교나 힌두교 윤회 사상과 맞닿아 있는 것은 아니더라도, 묘하게 일치하는 부분도 있습니다. 해탈에 이르러 윤회의 사슬을 풀고 고통스러운 중생 삶으로 돌아오지 않기를 바라는 염원들은 곧 '다시 태어나지 않기'이기 때문입니다.

세계 수많은 종교를 신자 수를 기준으로 순서를 매기면 기독교(천주교 포함), 이슬람교, 힌두교, 불교 순입니다. 교리상으로 약간 차이는 있지만, 기독교와 이슬람교는 천국과 지옥으로 대변되는 내세가 있음을 믿고, 힌두교와 불교는 해탈과 윤회설을 주장합니다. 전 세계 인구 반 가까이가 믿고 있는 종교들이 어떤 형태든지 죽음 이후 세계가 있음을 가르치는 셈입니다.

일흔 중반을 넘겼으니 언제 눈을 감아도 이상하지 않을 나이가 되었습니다. 죽음에 대해 깊이 생각할 때가 되었다는 의미입니다. 죽음에 대한 공포는 없습니다. 연명 치료를 원하지 않는다는 서약서를 제출했고, 장기기증도 했습니다. 쓸 만한 장기가 있을지는 모르겠네요.

죽음에 대한 공포는 별로 없습니다만 맑은 정신으로 죽음을 맞지 못할까 걱정은 됩니다. 사리 분별도 못 하고 아무 의미 없는 생명만 연장하는 처지가 된다면, 생각만 해도 끔찍합니다. 어떤 사람은 숨을 쉬고 있는 것만도 행복한 거라고 말합니다. 오직 숨을 쉬기 위해서 사는 것도 행복하다고요? 과연 그럴까요? 나는 동의하지 않습니다.

안락사에 대한 사회적 논의 범위가 조금씩 넓어지는 것을 환영합니다. 죽음이라는 게 그리 나쁜 것만도 아닙니다. 무병장수가 복받은 걸까요? 영원히 산다면 엄청 지루하지 않을까요? 죽음은 구원일 수도 있습니다. 내 의지와 관계없이 태어났다면, 적당한 시점에 죽을 수 있는 권리는 주어져야 공평하지 않을까요?

가끔 아내와 죽음에 관한 이야기를 나누기도 합니다. 아내는 늙어 아무 쓸모가 없는 신세가 되어, 요양병원에서 지내야 하는 처지가 된다는 게 몹시 슬프답니다. 그래서 내가 더 건강하게 오래 살아야겠다고 생각합니다. 그래야 요양병원에 보내지 않고 돌봐줄 수 있을 테니까요. 잘할 수 있을 것 같습니다. 하지만 평균 수명은 여자가 길고, 나이는 내가 많은데 그냥 희망이겠지요? 그래도 누가 알겠습니까!

"만약에 누가 먼저 불편한 처지가 된다면 형편이 나은 사람이 성심성의껏 돌봐주기로 약속하자. 자기가 먼저 그렇게 된다면 끝까지 내 손으로 보살필 거야. 먼저 세상을 뜨면 뒷정리를 말끔히 한 다음 곡기를 끊겠어. 이 세상에서 내가 할 일이 더는 없을 테니까."

아내가 물었습니다.

"둘 다 그렇게 되면?"

같이 웃었지만 심각한 문제입니다. 무슨 좋은 방법이 있을까요? 할 수 있는 일이란 편하게 눈을 감을 수 있는 복이나 받을 수 있도록 착하게 사는 수밖에 없을 것 같습니다. 말은 가볍게 하지만 스스로 곡기를 끊는다는 것도 그리 쉽겠습니까?

　한세상 산다는 게 참 퍽퍽하다는 생각에 가슴이 답답해집니다. 이런 마음이 될 때는 담배 생각이 납니다. 끊었다 피웠다 하던 담배를 완전히 끊은 것은 7~8년 되는 것 같습니다. 담배는 기호 품목인데 흡연이 자유롭지 못한 우리나라에서는 꼭 죄인이 된 듯한 기분이 들어 피우지 않았습니다. 그 대신 인도나 중국, 인도네시아같이 흡연이 비교적 너그러운 나라로 여행할 때는 출국하면서 면세점에서 한 포를 사고, 모자라면 현지에서 사서 피우다가 돌아올 때는 출국장 휴지통에 남은 담배와 라이터를 버리고 오곤 했습니다. 1년에 서너 달은 담배를 피우고 나머지는 끊는 셈이었습니다.

　담배가 건강에 해롭다고 하지만 순기능도 없지는 않은 듯싶습니다. 외롭고 힘들 때 위로가 되기도 합니다. 저녁에 숙소로 돌아와 샤워한 다음 테라스에 앉아 담배를 안주로 맥주를 홀짝이며 피로를 풀기도 합니다.

　요즘 순간적으로 치미는 감정을 제어하지 못해 끔찍한 범죄가 일어나는 경우를 봅니다. 그런 경우 감정을 행동으로 옮기기 전 담배를 한 대 피워보면 어떨까요? 도저히 납득할 수 없는 이유로 벌어지는 충동 범죄 반 이상은 줄어들지도 모릅니다. 담배를 피우면 5분 정도 시간을 벌 수 있습니다. 이성을 찾을 수 있는 소중한 시간입니다.

　내 경우에는 담배가 사고력이나 이해력을 더하는 데 도움을 주기도 하는 것 같습니다. 읽거나 쓰는 일을 할 때 그렇습니다. 인도네시아 수마트라에는 동남아시아에서 제일 크고, 화산 호수로는 세계에서 가장 큰 또바 호수가 있습니다. 백두산 천지 141배 크기라네요. 배를 타고 1시간쯤 가면 서울 크기만 한 사모시르섬이 있습니다. 나는 그곳에서 허름한 2층 방갈로 아래 칸을 얻었습니다.

방갈로 앞에는 탁자와 의자가 놓인 테라스가 있었습니다. 모기가 너무 많아 모기향을 탁자 양쪽에 피워놓고 쿠션이 푹 꺼진, 그래서 더 편안했다고 기억되는 소파에 앉아 3일 동안 책만 읽은 적이 있습니다. 눈이 피로하거나 잘 이해가 되지 않으면 미지근해진 맥주를 홀짝이며 담배를 피웠습니다. 한국에서 사 간 에쎄라는 담배였는데 2층에 머물던 나이 지긋한 영국인이 순하다며 몇 가치 축내기도 했습니다. 헤어질 때 한 갑 주었더니 꽤 좋아했습니다. 담배를 피우고 다시 읽으면 난해했던 내용이 쉽게 읽히기도 했습니다.

《죽음이란 무엇인가?》(셸리 케이건)

그때 읽은 책 제목입니다. 지금은 책 내용이 거의 생각나지 않지만 '인간이 죽을 운명이라는 게 다행스러운 것'이라는 데는 여전히 동의합니다. 영원히 산다는 것은 생각만 해도 끔찍합니다.

옆에 누가 자리를 잡고 앉습니다. 시선을 맞추고 서로 가볍게 인사를 나눕니다. 마흔은 넘었을 것 같은 여성입니다. 베나레스 힌두 대학 교수라고 소개를 합니다. 바라나시에 있는 꽤 이름 있는 대학입니다. 그녀가 물었습니다.

"무슨 생각을 하고 계십니까?"

의당 담배 생각이 난다고 말해야 하는데 엉뚱한 대답이 나왔습니다.

"혼자 있고 싶다고 생각하고 있습니다."

그녀가 냉큼 일어나 가버립니다. 그 뒷모습을 바라보며, 이런 싸가지 없는 놈! 스스로 험한 말을 하며 머리를 쥐어박았습니다. 설혹 그렇다 하더라도 무안스럽게 할 필요는 없었을 텐데요. 말을 조심한다고 하면서도 실수를 자주 합니다. 혀는 자신 의지대로 잘 통제되지 않는 신체 부위인 듯싶습니다. 이렇게 쉽사리 구업(口業)을 저지르니, 신업(身業), 의업(意業)으로 쌓인 악업까지 합치면 어느 세월에 다 지울 수 있을지 한심하다는 생각이 듭니다. 갠지스강 물에 들어가 정성껏 몸이라도 씻으면 그 무게가 좀 줄어들까요?

내 가벼운 입놀림에 마음이 상한 사람들도 있을 것 같습니다. 진심으로 미안하게 생각합니다. 부디 너그럽게 헤아려 주기를…

마음이 평화로운 곳 – 산치

내가 다녀본 인도 도시 중에서 가장 평화로운 곳이 어디냐고 묻는 다면 주저 없이 산치라고 말할 것입니다. 외진 곳에 있는 작은 마을이기 때문만은 아닙니다.

산치는 기원전 3세기경 아소카대왕에 의해 건립된 스투파가 있는 곳입니다. 스투파에는 부처님 사리를 모신 것으로 알려져 있습니다. 아소카대왕 이후 규모가 계속 확장되었는데, 현재 세 개 대탑과 작은 불탑, 사원터, 아소카대왕 석주 등이 남아 있습니다.

아소카대왕은 인도 미우리야 왕조 3대 왕이었습니다. 옛 인도 대륙을 통일하고 왕조 전성기를 이끈 인물입니다. 인도 전역에 사원과 탑을 세우고 붓다 가르침을 따라 백성을 다스린 성군으로 추앙되지만, 애초부터 그랬던 인물은 아닙니다. 이복형제들을 제거하고 왕위에 오른 대왕은 수많은 전쟁을 통해 영토를 넓힌 정복자였습니다. 전쟁에서 대규모 파괴와 살상이 벌어지는 것은 피할 수 없는 일입니다.

아소카대왕은 전쟁의 참상을 깨달은 이후 붓다 가르침을 배우고, 그 가르침을 따라 나라를 통치한 성군이 되었습니다. 산치가 평화롭게 느껴지는 이면에는 불국토를 이루고자 했던 대왕의 염원이 스며 있는 곳이기 때문인지도 모릅니다.

나는 지금 그 평화로운 곳 산치에 와 있습니다. 산치는 작은 마을이지만 교통이 그리 나쁜 편은 아닙니다. 보통 보팔을 거치는데 전국으로 연결되는 기차 노선이 제법 많이 있습니다. 보팔에서 산치는 거리가 그리 멀지 않고 기차나 버스를 이용하는 데 어려움이 없습니다.

보팔은 큰 아픔이 있는 도시입니다. 1984년 12월 3일 새벽, 미국 다국적 기업 유니언 카바이드사 인도 공장에서 유독가스가 누출, 즉시 사망자만 3,800명이 발생한 세계 최악 산업재해가 일어난 곳이 바로 보팔입니다. 몇 달 동안 시차를 두고 1만 명에 이르는 추가 사망자가 발생했고, 수십만 명이 심각한 후유증에 시달린, 아직 마무리되지 않은 불행한 사고입니다. 환경과 생태계에 끼친 영향으로 토양과 수질이 오염되고, 가축과 야생 동물에게도 심각한 피해를 주었습니다. 생명 안전보다 이익 추구를 앞세운 기업 윤리 부재가 원인이었습니다.

오후 3시 40분 바라나시를 출발한 기차는 다음 날 오전 8시, 예정 시간 정시에 도착했습니다. 16시간이 걸리는 거리를 정시에 도착하다니 기적 같은 일입니다. 자이살메르에서 바라나시 가는 데 19시간 연착하는 기차를 타보았고, 바라나시에서 콜카타까지 3시간 연착했다고 하자, 그 정도면 정시에 도착한 것 아니냐고 반문하며, 별난 사람 다 보았네, 하는 듯한 떨떠름한 승무원의 표정이 생생한 내게는 기적이란 말이 과장이 아닙니다.

처음 이용한 3A 침대칸은 무엇보다 적절한 통제가 이루어져 쾌적하게 잠을 잘 수 있었습니다. 가격 차이는 있어도 충분히 그 값어치를 하는 것 같습니다. 인도 서민들이 이용하는 SL 침대칸을 한번 체험해 보고 싶은 분이 아니라면, 3A를 이용하시길 적극 권합니다. 바라나시에서 보팔까지 요금이 625루피(11,000원)이니 그리 큰 부담도 아닙니다.

산치는 작은 마을이라 인구도 많지 않습니다. 복작거리지 않고 조용한 편입니다. 음식점도 숙소도 변변하지 않습니다. 숙소는 마하보디 소사이어티 스리랑카에서 운영하는 게스트하우스가 유일합니다. 단체 순례자들이 이용하는 곳인데 방 하나에 침대가 여섯 개 있는 다인실 형태로 운영합니다. 나는 이곳에 두 번 묵어본 적이 있습니다만 순례자들이 그리 많지 않아 방 하나를 늘 혼자 이용했습니다. 넓은 방을 혼자 사용하니 좋기는 합니다. 그러나 을씨년스러운 느낌도 없지 않습니다.

● 마하보디 소사이어티 스리랑카 게스트하우스

　인도 중남부는 대체로 산이 없고 넓은 평원입니다. 기차를 타고 이틀을 가도 터널을 본 적이 없습니다. 산치도 마찬가지입니다. 넓은 평원에 야트막한 구릉이 있고(해발 90m 정도) 여기에 대탑이 있습니다. 매표소에서 입구까지 10여 분 올라가면 됩니다. 매표소 옆에는 규모가 작은 박물관이 있어 둘러보면 좋습니다.
　1번 스투파에는 동서남북 네 곳에 토라나가 있고, 각 탑문마다 붓다 전생과 현생, 출생과 해탈, 열반 등의 장면들이 조각되어 있는데 섬세하고 아름답습니다. 2,000년이 넘는 세월이 지났어도 보존 상태도 훌륭합니다. 부조와 조각들은 다 상징성이 있고, 후대에 전하고자 하는 메시지도 있겠지만, 그냥 예술 작품으로 감상만 하여도 감탄할 만한 솜씨입니다. 깊은 신앙심을 바탕으로 자신이 형상화하는 대상을 경외하며, 수행의 한 방편으로 정성을 다했을 장인들 숨결이 살아 있는 듯합니다.

토라나를 지나 한 바퀴 돌아 스투파 위로 올라가 다시 한 바퀴를 돕니다. 그러면 토라나 뒤쪽을 가까이 볼 수 있습니다. 주의할 점은 시계 방향으로 돌아야 합니다. 오른쪽 어깨가 항상 스투파 쪽을 향하게 한다고 합니다.

● 1번 스투파. 동서남북 네 곳에 원형이 잘 보존된 토라나가 있다.

산치 유적지는 스투파 3기와 승원터 등이 떨어져 있어 발품을 좀 팔아야 합니다. 그렇더라도 천천히 둘러보기에 2시간 정도면 충분합니다. 토라나 부조나 조각상 의미를 새겨보려고 크게 노력할 필요는 없을 듯합니다. 그보다는 편안한 자리를 차지하고 고즈넉한 분위기에 잠겨보기 바랍니다. 피곤하면 긴 의자에 누워 잠깐 눈을 붙여도 좋을 겁니다.

● 꽤 웅장한 도량의 규모를 그려볼 수 있는 승원터

산치에서 중요한 것은 번잡한 세간의 모든 끈을 풀고, 고요 속에 자신을 내려놓아 자유롭게 하는 것입니다. 나무 이파리 사이로 살랑거리는 바람에 잡념과 번뇌를 실어 보내면, 깊은 안식의 순간을 맞을 수 있습니다. 산치는 먼 옛날로 시간 여행을 온 듯 비현실적이고 몽환적인 분위기에 젖을 수 있는 곳이기 때문입니다.

이곳저곳 둘러보기

    산치가 인도에서 가장 평화로운 곳이라면 라오스 루앙프라방도 산치 못지않은 곳입니다. 그러나 두 곳에서 느끼는 평화로움은 그 질과 농도에서 미묘하지만, 근본적인 차이가 있는 듯싶습니다. 그것은 아마도 두 곳이 역사적 배경과 환경에 차이가 있기 때문이라고 생각됩니다.
    산치는 종교적 색채가 강한 스투파 한 곳뿐으로 주로 불자들이 순례를 목적으로 찾아오는 곳입니다. 순례자들을 위한 환경도 열악하고 스투파가 던지는 메시지도 묵직합니다. 루앙프라방은 라오스 중북부에 있는 고대 도시입니다.

두 곳 모두 세계문화유산으로 유네스코에 등록되어 있습니다. 다른 점이라면 산치는 스투파 유적지가, 루앙프라방은 메콩강 변을 따라 서른 개가 넘는 아름답고 독특한 불교 사원들이 모여 있는 도시 전체가 선정되었다는 점입니다. 강과 절과 마을이 어우러져 한 폭 그림같이 아름다운 곳입니다. 전 세계에서 많은 여행자가 이곳을 찾아 어슬렁거리며 평화롭고 여유로운 시간을 즐깁니다. 바쁜 사람들은 보이지 않습니다.

산치가 내면의 평화를 얻어 자유로움에 이르게 한다면, 루앙프라방은 자유롭게 되어 평화를 느끼게 되는 것 같습니다. 스스로 깨달아 얻은 평화가 농도는 짙을지라도 깃털처럼 가벼운 자유를 즐기기에는 어려움이 있을 듯싶습니다.

작은 마을 루앙프라방은 특별한 의식에 참여할 수 있는 곳이기도 합니다. 이른 새벽에는 어김없이 탁밧 행사가 열립니다. 탁발로도 불리는 공양 행위는 이웃 나라 태국에서도 흔히 목격할 수 있습니다만, 대규모로 이루어지는 곳은 루앙프라방뿐인 것 같습니다. 아마도 많은 절과 승려들이 있기 때문일 겁니다.

먼동이 트기 전, 탁밧 행렬이 시작되면 거리에 자리를 잡고 기다리던 사람들이 스님들 발우에 공양물을 덜어 넣습니다. 조금씩 넣어도 사람들이 많다 보니 금세 발우를 채웁니다. 공양물에는 밥과 식료품, 치약이나 칫솔 같은 생필품, 단위가 낮은 소액 지폐들이 포함되기도 합니다.

스님들은 넘치는 공양물을 따라오는 아이들 그릇에 덜어 줍니다.

● 루앙프라방 아침을 여는 탁밧

　탁밧을 하는 스님, 정성껏 공양물을 올리는 불자, 공양물을 파는 상인, 스님들 공양물을 덜어 가는 아이들, 또 그 아이들이 가져온 공양물을 나누어 먹을 사람들, 그렇게 탁밧은 한곳에 모여 고이지 않고 골고루 흘러가며 선순환하는 모범을 보여주는 것 같기도 합니다.
　탁밧은 이제 루앙프라방 특별한 볼거리에서 참여하는 행사로 자리한 듯싶습니다. 루앙프라방은 깊은 잠에 빠진 여행자들을 새벽 일찍 일어나게 만듭니다. 이른 아침 시간임에도 거리는 탁밧 행렬에 참여하는 사람들로 넘칩니다. 투어 프로그램에도 들어 있는 듯, 미니버스를 타고 오는 단체 여행객들도 많습니다. 그렇지만 탁밧은 단순한 볼거리나 공양물 시주에 참여하는 체험 프로그램이 아닙니다.

부처님 가르침을 따라 수행하는 한 과정이며 보시행을 실천하는 재가 신자들 정성이 어우러진 종교 행위입니다. 묵언으로 이루어지는 경건하고 엄숙한 행렬에 누가 되는 행위는 하지 말아야 합니다.

● 풍력으로만 움직이는 이집트 전통적인 돛단배 펠루카

    이집트에는 자유로움과 평화를 만끽할 수 있는 놀이가 있습니다. 나일강에서 즐길 수 있는 펠루카입니다. 펠루카는 이집트 전통적인 돛단배입니다. 오로지 바람 힘으로만 움직입니다. 기름 냄새도, 모터 소리도 없습니다. 바람이 불지 않으면 강물 흐름만 따라가는데 거의 움직임을 느낄 수 없습니다. 가벼운 차림과 맨발로 높은 베개에 기대 비스듬히 누워 보내는 몇 시간은 번잡한 세간에서 비켜난 완벽한 자유와 평화를 느낄 수 있는 소중한 경험이 됩니다.

여행 이야기를 나누다 보면 다닌 곳 중에서 어디가 가장 좋았느냐고 묻는 경우가 있습니다. 범위를 주제별로 좁히면 대답할 말이 좀 있습니다.

자연경관으로 아름답다기보다 장엄하게 느꼈던 곳은 아르헨티나 쪽 이구아수 폭포입니다. 강물을 가로지른 인공 구조물을 따라 다다른 악마의 목구멍 바로 앞, 그 엄청난 소리와 물줄기는 경이롭고, 오금이 저릴 만큼 두려웠습니다. 거센 물줄기를 받아내는 강력한 흡인력에 휩쓸릴 것 같은 두려움에 자신도 모르게 힘이 들어간 난간을 잡은 손목은 금세 저렸습니다. 이구아수 폭포는 브라질 쪽에서도 볼 수 있는데 규모가 작고 수량도 아르헨티나 쪽에 미치지 못하지만, 아기자기하고 아름다워 걸으며 감상하기에는 오히려 좋은 점도 있습니다.

● 이구아수 폭포 아르헨티나 쪽 악마의 목구멍. 엄청난 소리와 흡인력에 오금이 저린다.

● 이구아수 폭포 브라질 쪽. 수량과 규모는 작지만 아기자기하고 아름답다.

    자연 현상이 아닌 개인 노동력이 오랜 세월 동안 힘을 합쳐 이루어 낸 중국 윈난성 위안양에 있는 다락논은 경이로움을 넘어 인간 위대함에 존경을 표하게 되는 곳입니다. 강력한 권력을 가진 황제나 군주에 의해 강압적인 노동력으로 이루어졌을 유적들과는 달리 다락논은 경사도 45도는 될 듯한 척박한 지형에 오직 생존을 위한 민중들의 한과 염원이 합쳐 만들어 낸 작품입니다.

    위에서 내려다보면 사면(斜面)이 모여 꼭짓점을 이룬 골짜기가 까마득하게 멉니다. 하룻길에 내려갔다 돌아올 수나 있을까요! 논둑길을 따라 지그재그로 걸어야 하니 직선거리 몇 배는 될 것입니다. 벼가 익어가는 추수철에 오면 황금빛 물결이 장관일 것 같습니다. 꼭 한번 시기를 맞춰 다시 가겠다고 생각했는데 아직 이루지 못했습니다. 그만큼 가기 힘든 오지입니다(오래전에 찍은 사진을 찾지 못해 올리지 못합니다. 다음이나 네이버 검색창에서 위안양 다락논을 찾으면 작가들이 촬영한 멋진 사진들을 볼 수 있을 겁니다. 꼭 한번 찾아보기 바랍니다).

● 페루 쿠스코 인근 살리네스에 있는 다락논 형태 염전

   페루 쿠스코 인근에 있는 살리네스에는 내륙인데도 다락논 형태 염전이 있습니다. 규모로만 따진다면 위안양에 비할 바는 못 되지만, 잉카 시대 소금은 화폐 역할을 했을 정도로 소중한 것이었으니, 어느 곳이든 농지만 있으면 생산할 수 있는 곡물보다 더 귀한 대접을 받았을 것 같습니다. 이곳 염전은 암염(巖鹽)을 녹인 지하수를 이용해 소금을 생산하고 있답니다. 기념품 가게에는 소금으로 만든 아기자기한 소품들이 있습니다. 부피가 크지 않은 것들로 몇 개 구입하면 이곳을 오래 기억하게 될 것 같습니다.

● 물고기 섬에서 바라본 볼리비아 우유니 소금사막

　볼리비아 우유니 소금사막은 자연의 위대함을 느끼게 되는 곳입니다. 지구 지각 변동이 해발 3,000m가 넘는 곳에 바닷물을 가두고 긴긴 세월을 거치면서 소금사막으로 변했습니다. 차를 타고 소금 위를 1시간을 달려도 끝이 보이지 않습니다. 내가 우유니 사막을 간 것은 2016년 4월 하순이었는데 그 당시 여행 기록을 몇 줄 옮겨보겠습니다.

　"…우선 내가 이곳에 올 수 있도록 도와준 모든 분에게 감사한다. 우유니 소금사막에 발을 디디고 숨 막히는 자연의 신비를 몸과 마음으로 느낄 수 있었다는 것은 행운이다 … 인간 능력의 한계가 어딘지 모를지라도, 해발 3,000m가 넘는 고지대에 100억 톤이 넘는 소금이 저장되었다는 자연의 신비에 비한다면 아무것도 아니다. 수천만, 수억 년 전에 지각 변동을 일으켜 깊숙한 바닷속 땅이 얼마큼 되는 소금물을 품에 안고 융기되어 이 고원 지대에 드넓은 소금사막을 만들었는지 상상할 수조차 없다 … 또 어느 순간 그와 같은 천지 변화가 일어난다면 지구가 온전할 수 있으며 인간들은 생명을 부지할 수나 있겠는가! 인간 존재는 하찮을 뿐이다. 소금 한 톨이나 모래 한 알갱이보다 나을 게 없다. 무지와 미약함을 자신들만 깨닫지 못하고 있을 뿐이다…."

언젠가 또 꿈틀대는 지각 운동으로 다시 바닷속으로 잠겨버리지는 않을까요? 과학이 발달되었다고는 하나 이 땅덩어리 깊은 곳에서 꿈틀거리는 용암 움직임이나 지각 변동을 정확히 예측하는 것은 불가능하다고 하니, 그런 일은 절대 일어나지 않을 거라고 자신 있게 말할 수도 없을 겁니다.

유적지로는 페루 마추픽추, 이집트 기자 피라미드와 스핑크스, 아테네 파르테논 신전, 로마 콜로세움 등 상징성과 역사적 가치가 훌륭한 곳들이 많습니다. 그러나 내가 가본 곳 중에서 한 곳만 고르라고 한다면 망설이지 않을 겁니다. 나는 캄보디아 시엠립에 있는 앙코르 와트 사원이 최고라고 여겨집니다.

앙코르 와트는 1113년부터 1150년까지 37년간에 걸쳐 지어진 앙코르 건축과 예술이 집대성한 걸작으로 꼽힙니다. 라떼라이트(철이나 알루미늄을 많이 함유한 붉은 흙으로 공기에 노출되면 딱딱하게 굳어집니다)로 쌓은 성벽으로 둘러싸인 사각형 구조입니다. 본당은 크게 세 개 층으로 이루어져 있고, 위로 갈수록 면적은 조금씩 좁아집니다. 3층 위로 올라가는 계단은 경사도가 몹시 심하고 좁아 뻣뻣하게 서서 올라갈 수가 없습니다. 원래 신을 위해 지은 사원이기 때문입니다. 저절로 신에 대한 예의를 갖추게 되는 곳입니다.

● 앙코르 와트 사원

　1층 바깥 화랑 사암 벽에는 인상적이고 아름다운 부조가 정교하게 조각되어 있습니다. 이 작품들은 《마하바라타》에 나오는 전투 장면, 힌두교 신화인 우유바다 젓기, 그 당시 일상생활 등 각각 상징하는 주제들을 다루고 있습니다. 이 조각들은 앙코르 와트 사원을 특별하게 만드는 중요한 요소입니다.
　앙코르 와트를 보고 있노라면 인간 존재의 미약함과 위대함을 동시에 느끼는 모순에 혼란스럽기도 합니다. 그러나 1,000년 전 크메르 사람들. 지금보다 분명 문명 혜택을 받지 못했을 그들이 이룩한 불가사의한 예술품 앞에서 현대인들이 작아지고 겸손해지는 것은 당연합니다. 아울러 정성과 땀의 결정물을 만들어 낸 위대함에 같은 인간으로서 자긍심을 느끼는 것 또한 부끄러운 일은 아닐 것입니다. 어쩌면 지금보다 훨씬 단순했을 구도 속에서 그들이 받드는 신과의 합일을 염원했던 구도자적 자세가 인간 한계를 뛰어넘는 놀라운 결과물을 만들어 낸 힘의 원천일지도 모를 일입니다.

사람들이 순수한 나라는 스리랑카라 생각됩니다. 국민소득이 높은 선진국들은 대체로 여행객들에게 관심이 적고 무심하지요. 일부 나라 사람들은 여행객을 수입을 올리는 방편으로 여기기도 합니다. 그러나 스리랑카 사람들은 아무 사심 없이 여행객들을 편하게 만들어 줍니다.

스리랑카인들은 우선 인사성이 밝습니다. 아침에 나가 거리에서 만나는 사람들은 밝고 수줍은 미소와 함께 인사를 건넵니다. 인사를 안 하고 지나치는 사람은 거의 없습니다. 아침마다 늘 만나는 반가운 이웃 같습니다. 성가시다는 생각이 들 정도입니다.

해로하는 부부가 손잡고 느적느적 걸으며 데이트를 즐기기에는 아바나가 좋을 듯싶습니다. 늙수그레한 할아버지 악단 라이브 연주를 들으며 랍스터 연한 속살을 안주로 모히토 맛을 음미하며, 긴 세월을 곁에 있어준 상대에게 서로 고마움을 전합니다. 60~70년 연륜은 족히 넘었을 올드카를 타고 머리카락을 날리며 카리브해 바닷길 드라이브를 즐기며 한껏 낭만에 젖을 수도 있습니다.

● 할아버지 악단

   부에노스아이레스에서는 싸면서도 맛있는 포도주와 소고기를 즐길 수 있습니다. 슈퍼마켓에서 스테이크용 소고기 안심이나 등심 한 끼 거리와 허름한 와인 한 병을 사면 만 원이면 충분합니다. 호스텔 주방에서 양파와 감자를 넣고, 소금과 후추로 간을 하고, 소고기와 둘둘 볶으면 서툰 솜씨라도 어려울 게 없습니다.

   호스텔 주방에는 웬만한 양념은 준비되어 있으니까 걱정 없습니다. 냉장고를 열어보면 먼저 다녀간 여행자들이, 필요하신 분들은 이용하세요, 메모를 붙여놓고 간 쌀이나 채소 같은 재료들도 있습니다. 소고기볶음에 와인을 곁들이면 훌륭한 만찬이 됩니다. 혼자 온 여행자를 만나 좋은 여행을 하도록 건배하며 잔을 부딪치는 기회도 간혹 있습니다.

외신 보도를 보면 요즘 아르헨티나 물가 상승이 아주 심각하다고 합니다. 페소는 화폐로서 기능을 거의 잃어버렸을 정도랍니다. 나라 살림이 어려워지면 서민들 고통은 더 심해질 텐데 걱정스럽습니다. 한때는 세계에서 10위 안에 드는 경제 대국이었는데 이런 지경에 이르렀다니 안타까운 일입니다. 하루라도 빨리 경제 사정이 회복되어 서민들 삶이 좀 여유로워지기를 바랍니다.

이쯤에서 궁금해지는 게 있습니다. 외국 여행자들은 대한민국과 이 나라 사람들은 어떻게 생각하고 있을까요? 다시 오고 싶은 나라, 또 만나고 싶은 사람들로 기억된다면 좋으련만, 과연?

야한 사원 도시 - 카주라호

　산치에서 오르차를 거쳐 카주라호에 이릅니다. 한때 작은 왕조 수도였던 오르차에는 볼 만한 왕궁들과 사원들이 있습니다.

　그동안 다녀본 곳들을 돌이켜 생각하다 보면 도시마다 먼저 떠오르는 일들이 있습니다. 오르차 같은 경우에는 인도 처음 여행 때 묵었던 숙소입니다. 중급 호텔이었는데 우리가 묵었던 곳은 정원에 텐트로 꾸민 방이었습니다. 비록 텐트지만 카펫이 깔린 내부에는 퀸사이즈 침대 두 개, 화장대와 히터까지 있었습니다. 화장실은 수압이 높고 물이 풍부해 소리까지 경쾌했고, 뜨거운 물은 내가 마지막으로 샤워를 끝낼 때까지 변함없는 수온을 유지하고 있었습니다. 샤워를 마치고 나오는 세 사람 모두, 어휴, 뜨거운 물이 정말 잘 나온다, 감탄사를 한마디씩 할 정도였습니다.

● 오르차 텐트로 된 숙소. 인도 처음 여행 때 묵었던 곳이다. 지금은 나무가 자라고 좀 누추해 보이지만 내부 시설은 호텔급이었다.

인도 게스트하우스들은 대부분 순간온수기를 사용해 온수를 공급합니다. 용량이 넉넉하지 않아 한 사람 끝나면 다시 물이 더워질 때까지 기다려야 합니다. 샤워기를 이용하면 중간에 물이 차가워질 수도 있으니, 양동이 가득 뜨거운 물을 받아 그 정도 양으로 끝내는 게 좋습니다.

이번 여행길에 옛날 생각이 나 들러본 리조트는 좀 누추하고 우거진 나무들이 세월 흐름을 잘 말해주는 것 같았습니다.

요즘은 달라졌는지 잘 모르겠으나, 예전에 카주라호는 한국인에게 꽤 악명 높은 곳이었습니다. 정규 학교에 다닐 형편이 안 되는 아이들에게 교육 혜택을 준다는 명분으로 기부금을 강요하기도 하고, 혼자 다니는 여성 여행자를 대상으로, 대학생인데 반딧불이 구경을 시켜준다며 땅거미 진 저녁에 외딴 장소로 데려가 성적인 접근을 시도하기도 해, 여행 안내서에는 해 진 다음에 현지인을 따라 외진 곳을 가지 말라고, 카주라호에서 주의할 점으로 박스 안에 넣어 강조하기도 했습니다. 바라나시에서는 모르는 사람이 주는 음료는 절대 마시지 말라는 것도 빠지지 않는 경고였습니다.

● 카주라호 서부사원군에 있는 칸다리아 마하데브 사원. 벽면에 새겨진 다양한 미투나로 유명하다.

남녀가 사는 세상에 도덕군자만 있는 게 아니니 성과 관련한 사고들이 빈번히 일어납니다. 유독 카주라호에 그런 사건이 일어나는 빈도가 높다는 통계를 본 적은 없지만, 혹 그렇다면 사원 벽면을 빼꼭하게 채운 조각상 영향을 받는지도 모릅니다. 각종 형태 성행위를 아주 노골적으로 묘사한 조각상을 찾는 게 카주라호에서 빠뜨리면 안 될 과제입니다. 관광객이 많지 않았던 예전에 탑 주변은 마을 사람들 놀이터였을 터, 애, 어른 구별 없이 보고 배운 것을 실천해 보고 싶은 욕구도 생겼으리라 추측하면 너무 지나친 비약일까요? 오죽했으면 간디 옹께서 사원을 다 헐어버리고 싶다고 했겠습니까?

  그렇지만 부정적인 측면만 있는 것은 아닙니다. 카주라호에 기차가 연결된 것은 그리 오래되지 않았습니다. 그만큼 접근하기가 쉽지 않은 곳이었지요. 그런데도 많은 관광객이 오기 시작한 것은 사원이 있었기 때문인데, 혹 야한 조각상들이 입소문을 타고 사람들 호기심을 자극했던 것은 아닐까요? 어쨌든 여행자들이 늘어나며 기차도 연결되고, 호텔, 음식점들이 많이 생기고, 그에 따른 서비스업 발달로 지역 경제에 활력을 불어넣어 준 것은 틀림없을 겁니다. 오랜만에 카주라호에 와보니 예전보다 마을 규모가 외곽으로 훨씬 확장된 것을 알 수 있습니다.

  경제가 발전하면 사람들 생활은 윤택해지겠지만 파생하는 부작용도 심각합니다. 지금 우리가 현실적으로 체감하는 가장 큰 문제는 기후 변화일 것입니다. 지구 온난화로 생태계가 파괴되어 온 지구가 이상 기후로 몸살을 앓고 있습니다. 극심한 가뭄, 상상하지 못한 폭우, 한 번도 경험하지 못했던 더위와 혹독한 추위. 지구는 점점 생존하기 어려운 환경으로 내몰리고 있습니다. 그런 환경에서 인류는 이제 얼마나 더 생존할 수 있을까요?

큰애와 아내와 셋이서 안나푸르나 트레킹을 했었습니다. 그 당시 푼힐 전망대가 있는 고레빠니에 입간판이 하나 있었습니다. 지금도 있는지는 모르겠으나, 기둥도 나무로 만든 초라한 입간판에는 흰 바탕에 검정 글씨로 이렇게 쓰여 있었습니다. 영어로 그냥 옮겨 적겠습니다.

"TAKE ONLY PHOTOGRAPHS
LEAVE ONLY FOOTPRINTS"

사진만 찍어가고 발자국만 남기세요, 라는 뜻이겠지요. 환경을 훼손하지도, 오염시키지도 말라는 의미로 알아들었습니다. 포카라에는 하얀 눈으로 덮인 장엄한 안나푸르나 주봉을 바라보며 걷는 트레킹을 위해 많은 사람이 모이지만, 얼마 지나지 않아 만년설은 녹아 사라질지도 모릅니다. 환경 문제는 더 이상 남의 일이 아닙니다. 우리 모두 자신들이 할 수 있는 모든 노력을 아끼지 말아야 합니다.

며칠 전 카주라호에서 묵을 숙소로 홈스테이를 예약했습니다. 도착하기 전날, 예약한 숙소에서 여권 사본을 보내달라는 연락을 받았습니다. 예약하고도 오지 않는 사람들이 있어 그런다고 합니다. 어려운 일도 아니니 카메라로 찍어 보내주었습니다. 그런데 기차에서 내리니 호객하는 릭샤왈라를 밀치고 나를 잡는 사람이 있었습니다. 내가 예약한 숙소 주인이랍니다. 여권 사진으로 나를 알아본 모양입니다. 코로나 제약이 풀렸어도 아직 관광 산업이 예전 상태로 회복되지는 않은 듯합니다. 혹 호객꾼들에게 마음이 변하지 않을까 염려해 기차역까지 나온 듯합니다. 어쨌든 집주인이 마중을 나왔으니 숙소를 찾으려 헤맬 일은 없었습니다. 막상 숙소까지 가보니 주소만 가지고는 찾는 게 불가능하겠다는 생각도 들었습니다.

● 카주라호에서 묵었던 홈스테이 숙소. 편하진 않았지만 생선 커리는 일품이었다.

외국 관광객들을 대상으로 한 홈스테이가 체계적으로 허용된 나라는 쿠바입니다. 쿠바에서는 아파트나 단독주택에 여유 있는 방 한두 개를 관광객에게 빌려줄 수 있도록 정부에서 허가해 주었습니다. 이런 숙소를 까사라고 하는데 스페인어로 집이란 뜻입니다. 보통 그 뒤에 주인 이름을 붙여, '리셋의 집'처럼 됩니다. 리셋은 아바나에서 묵었던 까사 주인 이름입니다.

아바나는 30CUC(약 45,000원), 지방 도시는 반 정도인데 아침이 포함되어 있습니다. 에스프레소 같은 진하고 부드러운 쿠바 커피가 그립습니다. 저녁을 부탁하면 별도 요금입니다. 세금을 내야 하는 숙박료와 달리 밥값은 과외 수입이 되니 싫어하지 않습니다. 방에는 에어컨이 있고(거의 엘지 에어컨인데 오래되어 소음이 좀 심한 편입니다) 화장실이 딸려 있어 지낼 만합니다.

카주라호에 도착한 다음 날 나는 숙소 주인 오토바이 뒷자리에 타고 여기저기 흩어진 사원들을 둘러보았습니다. 떠나기 전에, 기부금을 낼 생각이 전혀 없으니, 학교는 가지 않겠다고 분명하게 선을 그었습니다. 수고비는 연료를 가득 채워주는 것으로 끝, 대신 저녁을 집에서 먹기로 했습니다. 주인이 직접 만든 생선 커리는 정말 맛있었습니다. 맛있는 집으로 소개된 음식점에 비해 뒤질 것이 없습니다. 커리 한 접시와 밥 한 그릇을 깨끗하게 비웠습니다. 저녁값을 물어봐도 돌아올 대답은 뻔할 터, 인도인들이 자주 쓰는 말, 당신 좋으실 대로(As you like)! 적절한 선을 정하는 것은 어렵습니다. 인색하다는 소리는 듣기 싫고, 호구 짓을 하기도 원하지 않으니까요! 그래도 좀 넉넉하게 주는 게 마음이 편합니다.

내일 아침 기차역까지 데려다주는 비용까지 합쳐 500루피를 주었습니다. 주인은 예약 사이트에 높은 평점과 관대한 댓글을 부탁했습니다. 알았다는 대답은 했으나 평가를 묻는 설문에 응답하지 않았습니다. 주인이 원하는 대로 높은 점수를 줄 수는 없었지만, 그렇다고 야박한 평점을 주기는 미안했기 때문입니다. 다른 여행자들 판단과 선택에 영향을 줄 수 있는 문제이니 인정에 끌려 잘못된 정보를 줄 수는 없습니다. 가볍게 생각할 게 아니라 사소한 것이라도 신중해야 합니다.

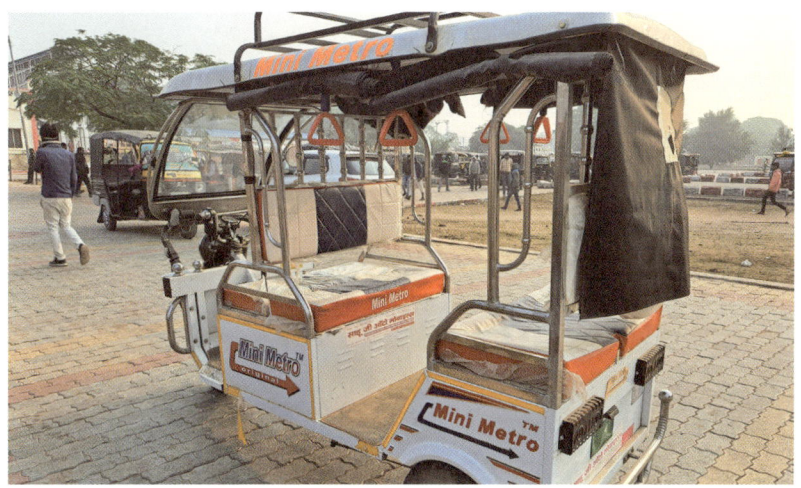

● 오토릭샤. 보통 뚝뚝이라고 불리는 택시보다 대중적인 이동 수단. 이제 배터리를 이용해 매연이 없는 제품이 보급되고 있다.

좀 결이 다른 이야기지만 터키에 갔을 때 셀축에 있는 부메랑이란 게스트하우스에서 한 젊은 여성 여행자를 만났습니다. 미국인이었습니다. 5월 초였는데 두 번째 일요일이 어머니날이라 편지를 쓰고 있다고 했습니다. 요즘 같은 시대에 손편지를 써 우편으로 보내는 정성이 대단했습니다. 나는 무심코 우리나라는 5월 8일이 어머니날이라고 했습니다.

그런데 한참 후에 생각해 보니 틀린 말이었습니다. 어버이날로 바뀐 것을 미처 생각하지 못했던 겁니다. 다행히 이튿날 마당에서 아침 식사를 하고 있는 그녀를 다시 만났습니다. 그래서 어제는 내가 틀렸다는 것을 말하고, 어버이날로 바뀐 것을 알려주었습니다. 자기들 날은 없다고 항의하는 아버지들이 많아 어머니와 아버지를 합친 어버이날로 만들었다니 웃으며, 알려주어 고맙다고 하더군요.

● 셀축에 있는 게스트하우스 부메랑. 터키 사람들은 꽃을 매우 좋아하는 것 같다. 작은 공터에도 꽃을 심어 마을 어디를 가도 예쁜 꽃들이 피어 있다.

이 여행기는 정보를 주기 위한 글은 아닙니다. 그렇다 하더라도 잘못된 정보가 담기지 않도록 조심하고 있습니다. 여러분들은 혹 여행 중에 길이나 차 시간을 물었을 때 잘못 알려주는 바람에 낭패를 본 적은 없으신가요? 모르면 차라리 모른다고 하면 될 것을 친절을 베풀고 싶은 마음에 엉뚱한 곳을 알려줘 혼난 적이 여러 번 있습니다.

이제는 길 물어볼 일이 거의 없어졌습니다. 골탕 먹을 일이 사라져 좋을 것 같지만 반드시 그렇지는 않습니다. 그만큼 재미가 줄었다는 의미도 될 테니까요.

호스텔 얘기가 나온 김에 엘 칼라파테에 있는 호스텔 하나를 더 소개하겠습니다. 엘 칼라파테는 칠레 남쪽에 있는 곳으로 모레노 빙하와 근처 엘 찰튼에서 시작하는 피츠로이 트레킹을 하러 가는 사람들이 들르는 곳입니다. 나는 이곳에서 이 깨우 깬(I Cau Can)이라는 곳에 묵었습니다.

이름이 특이하기에 무슨 뜻이냐고 물었더니, 어원은 인디언 말이라며 여성형 명사로 조상, 조상숭배라는 뜻이랍니다. 청결한 실내와 포근한 침구가 기억에 남는 집입니다. 중심가에서 제법 떨어진 곳에 있어 숨을 헐떡이며 언덕길을 올라가며 잘못 얻었다고 투덜거린 곳인데 땀 흘린 보답이랄까요, 아주 만족했던 집입니다. 발코니에 있는 의자에 앉아 바라보는 저녁 하늘 전망이 기막히게 좋았습니다.

이 호스텔에서 한국인 여성 여행자 두 명을 만났습니다. 근처에 있는 슈퍼마켓에서 닭고기와 마늘을 사서 닭죽을 끓였는데, 쿵쿵거리며 부엌으로 들어오며 삼계탕 냄새가 난다고 했습니다. 한 그릇 먹겠냐니까 죽만 조금 달랍니다. 그리 넉넉하지 않아 한 공기 덜어주었더니 맛있게 먹고는 설거지를 해주었습니다. 여럿이 사용하는 주방이라 사용한 다음에는 깨끗하게 정리하는 게 기본입니다.

● 엘 칼라파테에 있는 호스텔 이 깨우 깬. 조상숭배라는 뜻이란다.

저녁을 먹으면 와인을 한 잔 들고 테라스로 나갔습니다. 지대가 높은 곳이라 시야에 막힘이 없습니다. 저녁 하늘을 덮은 비단결 같은 구름은 나른한 인간들을 어둠이 지배하는 시간으로 유혹하는 악령들 춤사위처럼 보이기도 했습니다. 하지만 젊어서도 밤 문화에 별 관심이 없었는데 새삼스레 유혹당할 일이야 있겠습니까? 드물게 라이브 음악을 들으며 맥주나 글라스 와인을 곁들인 식사를 하는 정도가 전부입니다.

저녁을 먹고 할 일이 없으면 번화가를 구경삼아 둘러보기도 합니다만 카주라호 홈스테이는 중심가와 떨어진 곳이라 엄두가 나지 않습니다. 내일 아침 일찍 잠이 깨면 운동 삼아 서부 사원군 외곽을 걸어보겠다고 생각하며 자리에 들었습니다.

● 엘 칼라파테 저녁 무렵 하늘

세상에서 가장 아름다운 무덤 – 타지마할

아그라는 뉴델리에서 기차로 2시간이면 갈 수 있는 거리입니다. 여행자들이 아그라를 가는 이유는 단 한 가지, 타지마할을 보기 위해서입니다. 사실 타지마할은 무덤입니다. 그렇다면 타지마할은 세계에서 제일 멋지고, 아름답고, 정갈하고, 담백한, 게다 달달한 사랑 이야기와 얽힌, 가장 많은 사람이 찾는 무덤일 겁니다. 아름답고 웅장한 건축물들은 많이 있지만 타지마할처럼 우아하고 고상하게 느껴지는 무덤은 드물 것 같습니다. 그렇다면 사람들 발걸음을 차단한 지하에 안치되어 깊은 잠을 자는 이 무덤 주인은 누구일까요?

타지마할을 건설한 사람은 17세기 초 재위한 무굴제국 5대 황제

샤 자한입니다. 그의 치세 중에 제국은 번영과 안정을 누렸고, 시민들은 평화로운 삶을 영위하고 있었으니 성군이라 불릴 만한 황제였습니다. 황제는 사랑했던 황후 뭄타즈 마할이 그들 열네 번째 아기를 낳다 사망하자 그녀를 위해 타지마할 건설을 시작했습니다.

● 숙소 옥상에서 훔쳐본 타지마할. 짙은 안개 속에 아름다운 자태를 숨기고 있다.

연인원 20여만 명과 천 마리 코끼리가 동원되어 22년간 계속된 타지마할 건설에는 막대한 비용이 필요했으며, 그것을 충당하는 것은 국민 세금이었습니다. 과다한 세금 징수와 엉뚱한 사용 결과, 국력은 피폐해지고, 국민 원성은 높아지고, 결국 샤 자한은 아들에 의해 폐위되어 야무나강을 사이에 두고 타지마할이 바라보이는 아그라성에 유배되어 남은 생을 보내야 했습니다. 죽은 다음 황후 옆에 안치되었다니 그나마 위로가 되었을까요?

　타지마할을 본 여행자들은 거의 다음 방문지로 아그라성을 찾습니다. 아그라성에서 타지마할을 바라보며 잠시나마 샤 자한 황제 마음을 느껴보고 싶은 모양입니다. 전에는 타지마할 입장권으로 갈 수 있었는데 지금은 별도로 요금을 받는다고 합니다.

　사랑하는 아내를 위해 무덤을 짓다 국력을 낭비하고 폐위되어 유배 생활로 세상을 마감한 막강했던 황제의 몰락을 어떻게 이해해야 할까요? 사랑이라는 묘약에 취하면 이성을 잃게 되는 걸까요? 열네 번째 아이를 가졌었다면 적어도 수십 년 같이 산 사람들인데 그토록 가슴 저미는 사랑을 간직하고 있었던 걸까요? 요즘 세상에도 그런 순애보가 있을까요?

　사랑에는 여러 종류가 있겠습니다만, 샤 자한 황제 경우처럼 이성 간 사랑으로 축소해 보아도 그리 단순하지 않습니다. 이성 간 사랑에는 성 문제가 따라옵니다. 어떤 철학자는 육체적 관계가 없는 이성 간 사랑은 허구라고 말하기도 합니다. 서로 사랑하는 감정을 공유하면 더 가까워지기를 원하고 자연스럽게 성적인 관계로 나아갑니다.

　나는 보통 남녀 사이는 만남부터 시작하여 서로 사랑을 확인하고, 결혼과 관계로 이어지는 다소 고전적인 방식에 익숙한 세대입니다. 그러나 지금은 많이 달라진 것 같습니다. 사랑과 성은 전혀 다른 개념으로 여기는 것 같습니다. 사랑하기 때문에 상대를 원하는 게 아니라 욕망이 앞섭니다.

샤 자한 황제는 후궁이 500명이나 있었다고 합니다. 하지만 그가 사랑한 여성은 단 한 명뿐이었고, 그녀를 위해 그가 가진 힘으로 무덤을 만들었습니다. 자기 무덤이기도 했습니다. 아그라 포트에서 타지마할을 바라보며 황제는 무슨 생각을 했었을까요?

세상일은 참 묘한 구석이 있습니다. 국력을 낭비하며 건설한 타지마할이 지금은 넘치는 관광객 때문에 입장객 수를 하루에 4만 명 수준으로 조절한다고 합니다. 외국인 입장객이 어느 정도인지는 모르겠으나 타지마할 입장료는 1,100루피(약 19,000원)로 엄청 비쌉니다. 샤 자한은 후대를 위해 큰 자산을 남긴 셈입니다.

그것뿐이겠습니까? 여행자들이 자고, 먹고, 마시는 비용으로 지출하는 액수는 입장료보다 훨씬 많을 겁니다. 타지마할이 아그라 경제에 미치는 공로는 대단할 것입니다.

카주라호를 떠나 아그라에 도착한 것은 저녁 6시경이었습니다. 애초에 아그라 인근에 있는 작은 마을 파테푸르 시크리로 바로 갈 생각이었기에 기차역에서 버스 스탠드로 갔지만 마지막 버스가 떠난 후였습니다. 아그라에서 하루를 묵어야 한다면 옥상으로 올라가면 타지마할을 바라볼 수 있는 숙소로 가야겠다고 생각했습니다.

일단 타지마할 남문 쪽으로 가 숙소를 잡았습니다. 옥상에 올라가면 타지마할이 보이는 곳입니다. 리모델링 공사를 한 숙소는 전보다 훨씬 반듯한 호텔이 되었습니다. 아직 관광객이 전 같지 않은지 로비가 분주하지는 않습니다.

오랜만에 킹피셔(인도 맥주) 한 병을 곁들인 볶음밥으로 저녁을 먹었습니다. 어느 나라를 가든 우리 입맛 기준에서 크게 벗어나지 않는 음식이 볶음밥이라고 합니다. 게다 인도에 와서 처음으로 먹는 한식 종류이니 맛이 그만입니다. 딸려 나온 깍두기 한 종지를 말끔히 비웁니다. 차가운 맥주까지 있으니 또 행복해지는 순간입니다.

● 파테푸르 시크리 옛 성터

다음 날 이른 아침, 안개가 심해 그림자처럼 흐릿한 윤곽으로나마 타지마할을 담 너머로 보고 파테푸르 시크리로 향했습니다.

무굴제국 3대 악바르 황제는 후계자가 없어 고민이 많았습니다. 시크리에 거주하던 이슬람 성자 살림 치쉬티는 황제에게 후사를 얻을 것을 예언했고, 이듬해 아들을 얻게 됩니다. 황제는 기쁜 나머지 수도를 시크리로 옮깁니다. 그러나 물 부족으로 어려움을 겪자 겨우

14년 만에 아그라로 다시 돌아갑니다. 그 후 400년 동안 방치된 시크리 옛 시가지는 폐허로 변합니다.

● 살림 치쉬티 무덤. 아들을 원하는 여인들 발길이 이어지는 곳이다.

 1576년 악바르 황제가 세운 모스크인 자마 마스지드는 아직 웅장한 모습 그대로입니다. 정문을 들어서면 다른 건물들과 어울리지 않게 도드라지는 대리석 건물이 보입니다. 성자 살림 치쉬티 무덤입니다. 아들 얻기를 바라는 인도 여인들 발걸음이 이어지는 곳입니다. 지참금 때문에 딸을 짐으로 여기는 인도인지라 그들 염원이 더 간절할 수밖에 없을 겁니다.
 모스크 입구 반대편으로 나가면 옛 시가지로 이어집니다. 담을 경계로 안쪽은 잘 관리된 모스크와 북적대는 사람들, 밖은 잡초들이 무성한 초원과 듬성듬성 부서진 건물들, 인적이 끊어져 을씨년스럽고 황량한 거리입니다. 사실 시크리를 온 것은 폐허로 변한 옛 시가지를 보고 싶었기 때문이었습니다. 그리고 함피에서 느꼈던, 마치 달 표면에 내린 우주인 같은, 무중력감을 생각했습니다. 시간과 공간 감각이 사라진 비현실적인 상황에서 인간 존재는 무게감이 없었습니다.

시크리가 함피와 같은 감각으로 다가오지는 않았지만, 문명의 흥망성쇠나 인생무상의 허무함을 되살펴 보기에는 괜찮은 곳 같습니다. 혹 아그라를 방문하시는 분 중 시간 여유가 있다면 하루 정도 시간을 내어보는 것도 나쁘지는 않을 듯합니다. 거의 유일한 숙소인 고베르단 투어리스트 콤플렉스 시설은 호스텔 수준이지만, 부설 식당 커리는 내 기준으로는 훌륭합니다.

맛있는 커리에 포만감을 느끼며 어두워진 거리로 산보를 나갔습니다. 낮보다 사람들이 더 많은 듯싶습니다. 나처럼 저녁을 먹고서, 아니면 밖에서 먹으려고 나온 사람들인 모양입니다.

해가 저물자 기온이 내려가며 꽤 쌀쌀해집니다. 짜이 한 잔을 마시고 숙소로 돌아오는데, 동네 사람들이 작은 모닥불을 피우고 둘러서 있습니다. 손을 비비고 다가서니 자리를 넓혀주고 까먹던 땅콩 두 개를 줍니다. 그리고 어디서 왔느냐고 묻습니다. 한국에서 왔다니까 요즘 서울 날씨를 묻습니다. 지금은 춥고 눈도 많이 오는 겨울이고, 오늘 아침 서울은 영하 17도까지 내려갔다니 깜짝 놀랍니다. 인도 기온이 그렇게 내려가면 인구 20%는 동사했을 거랍니다. 영하기온을 경험하지 못한 인도인 엄살처럼 들립니다.

  사람들은 기후 변화가 심해지더라도 설마 중부 인도 기온이 그렇게 내려가겠느냐고 생각합니다. 하루아침에 극단적인 기후 변화가 일어나지는 않겠지만 지구 운명에 낙관적인 전망을 하는 학자들은 많지 않을 겁니다. 그런데도 내가 할 수 있는 일이 그리 많지 않다는 게 안타깝습니다. 신뢰가 가지 않는 세계 각국 지도자들에게 나와 우리와 후손과 또 그들 후손들 운명을 맡기고 있다는 게 한심합니다. 그래도 어쩌겠습니까? 아무리 작은 일이라도 하지 않는 것보다는 나을 거라는 희망으로 할 수 있는 일을 찾아 열심히 실천하는 수밖에요.

삶이 곧 메시지다!

　아침 첫 버스로 시크리를 떠나 마투라 야무나강 변 비슈람 가트 근처에서 하루를 묵었습니다. 마투라는 아그라와 델리 중간 지점 정도에 있는 도시입니다. 생각했던 것보다 규모가 커 반나절 동안 이곳저곳 둘러보기에는 한계가 있습니다. 가트는 강을 따라 걸을 수가 없는 구조라 배를 타기 전에는 시간을 보낼 수 없습니다. 강변을 어슬렁거리다 숙소로 돌아간다는 게 길을 잃어 한참 헤맸습니다. 덕분에 골목에 이어진 시장 구경을 잘 했습니다.
　다음 날 이른 아침 마투라역에서 뉴델리까지 가는 제너럴 표를 끊었습니다. 이 표는 열차 지정도 없이 허용된 시간 안에 타기만 하면 됩니다. 전에 고락푸르에서 곤다를 가면서 제너럴 표를 사 고지식하게 지정된 칸에 탔다 호되게 고생한 다음, 다시는 타지 않겠다고 다짐한 적이 있습니다. 그다음부터는 혹 제너럴 표를 사더라도 침대칸으로 갑니다. 내가 그럴진대 현지인들이야 말할 것도 없을 겁니다. 그러니 SL 칸이 점점 더 혼잡해질 수밖에요.

미투라에서 뉴델리는 그리 먼 거리는 아닙니다. 게다 아침이 지난 시간이라 잠을 자는 사람들이 별로 없어 앉을 자리는 넉넉합니다. 그런데 이날따라 얼마 가지도 않았는데 표 검사를 합니다. 어쩔 수 없이 입석표를 보여주고 다른 표를 구할 수 없었다고 말했습니다. 승무원이 고맙게도 알았다며, 편히 가시라고 인사까지 하고 갑니다.

뉴델리역에서 파하르간지로 가기 위해서는 도로를 건너야 합니다. 그리 넓지도 않고 차들이 밀려 빨리 달리지도 못하는 도로를 건너야 하는데 횡단보도 앞에 서서 엄두를 못 내고 한참을 머뭇거립니다. 차 사이는 사람이 빠져나갈 수 없을 만큼 붙어 있습니다. 운전 솜씨가 참 대단합니다. 도로변에서 장사를 하는 사람이 딱하다는 듯 앞장서 차들 사이로 길을 터줍니다. 고맙다는 인사를 들었는지 손을 들어 보이고는 잽싸게 다시 건너갑니다.

낯익은 동네에 오자 마음이 푸근해집니다. 예약한 곳이 없어 우선 숙소를 정해야 합니다. 메인 바자르 중간 지점쯤에 저렴한 숙소들이 몰려 있는 골목이 있습니다. 입구에 남자용 간이 화장실이 있어 지나치지 않습니다. 전에는 없던 문짝을 달았네요. 그래도 냄새를 완전히 지우지는 못합니다. 인도에서 처음 머문 숙소도 있는 골목입니다.

인간들도 연어처럼 귀소 본능이 있는지 한번 왔던 곳을 다시 찾게 됩니다. 뉴델리에 오면 이 언저리를 벗어나지 못하고 항상 근처에 머물게 됩니다. 나이 탓인지도 모르겠습니다. 익숙한 것이 좋고 새로운 물건이나 낯선 곳이 꺼려집니다. 드물지만 어떤 경우에는 분명 처음 온 곳인데도 어딘가 낯익은 듯 여겨지는 기분이 들 때도 있습니다. 어디선가 흡사한 분위기에 젖은 경험이 있기 때문이겠지만 무의식 세계에는 전생 기록들이 차곡차곡 쌓여 있기 때문일지도 모를 일입니다.

티베트 불교에서는 달라이 라마가 사망하면 의식이 다른 아이 몸으로 환생한다고 믿습니다. 계승자를 찾으면 적법한 심사를 거치는데, 환생자는 선대 유물에 집착한다고 합니다. 특별한 경우이겠지만 전생 기억을 느낄 수 있다는 의미겠지요.

전생까지는 모르겠지만 일생을 사는 동안 과거는 그저 흘러가 버린 시간이 아니라 켜켜이 쌓인 펄 같은 곳이며 헤어나기 힘든 수렁입니다. 앞으로 나가려면 자꾸 발목을 잡아당깁니다.

근래에 학창 시절 폭력 문제 때문에 창창하던 앞날에 먹구름이 덮이는 경우를 종종 보고 있습니다. 학교 폭력은 당한 상대가 있으니 나는 기억하지 못하더라도 말끔하게 없었던 일로 하기도 어렵습니다. 나름대로 억울한 면이 있을지 몰라도 일단 언론에 거론되는 것 자체가 곤혹스러울 겁니다. 특정 운동에 뛰어난 실력이 있어도 국가 대표로 선발되는 영광과 혜택을 누리지도 못합니다. 누굴 탓할 수도 없습니다. 자기 잘못이고, 당연히 치러야 할 대가입니다. 이런 현상들을 보고도 업에 따른 보가 생각보다 엄중하다는 것을 깨닫지 못한다면 엄청 미련한 인간입니다.

세상은 점점 맑아지고 있습니다. 깨끗해진다는 뜻이 아니라 숨길 수 있는 길이 많지 않다는 의미입니다. 그러니 어렸을 때부터 착하고 깨끗하게 살아야 합니다. 앞으로는 초등학교 반 회장에 나서더라도 학급 청문회를 거쳐야 할지도 모릅니다. 모두 같은 동네에 살고 있을 터이니, 소소한 것까지 숨길 수 있는 것이 없을 겁니다. 공원 으슥한 곳에서 실례를 하는 장면을 누군가 스마트폰에 저장할지도 모를 일입니다. 높으신 분들이야 임명권자에게 잘만 보이면 되니까 얼굴에 철판 깔고 잠시 굴욕을 참으면 되겠지만, 학급 회장은 선출직이니 유권자에게 잘못 보이면 가망이 없습니다.

어디에 묵을까 망설이고 있는데 누가 말을 겁니다. 그는 골목이 갈라지는 코너에 있는 집을 가리키며 700루피에 자기가 묵고 있는 호텔이라고 앞장서 들어갑니다. 캐나다인인데 밴쿠버 교외에서 펜션을 한다는 말을 나중에 들었습니다. 방은 순간온수기도 달려 있고 물도 잘 빠지고 가격도 그만하고, 소개한 사람 체면도 고려해서 결정했는데 밤이 되니 방음이 안 돼 시끄러운 게 문제였습니다.

이튿날 좀 이른 시간에, 처음 인도를 왔을 때 아침을 먹은 옥상 식당으로 갔습니다. 계단으로 옥상까지 올라갈 수는 있었는데 아직 영업을 시작하지는 않은 듯 사람은 보이지 않습니다. 거기서 내려다본 파하르간지 메인 바자르 삼거리, 전체적 구조는 달라진 게 없어 보였지만, 소가 보이지 않고, 그리 혼잡하지도 않고, 정신 사납게 어지럽지도 않은 거리가 조금 낯설었습니다. 노점상들은 그 자리에 그냥 있는 것으로 생각되는데, 장사를 하는 사람들은 나이만 더 먹은 채 그대로일지 궁금했습니다.

옥상에서 내려와 노점에서 아침 대신 먹으려고 바나나 세 개를 샀습니다. 한 개에 10루피(약 170원). 쉬라바스티에 갔을 때 스님에게 놀림을 받았습니다. 30루피면 스무 개쯤 달린 한 꼭지를 살 수 있답니다. 물론 대도시와 시골 물가를 단순하게 비교할 수는 없겠지만 그래도 차이가 엄청나게 큽니다.

과일 장사를 하는 사람은 20대로 보이는 청년이었습니다. 대를 이어 하는 걸까요? 적당히 바가지를 씌울 줄도 아는 것을 보니 탁월한 수완입니다. 비아냥거리는 게 아니라 진정으로 돈을 많이 벌기를 바랍니다. 그의 다음 세대에게는 노점이 아니라 반듯한 가게라도 하나 물려주었으면 좋겠습니다.

숙소로 가는 골목에서 팬케이크를 한 장 먹고, 바로 앞 가게에서 짜이를 마셨습니다. 며칠 지낼 이웃으로 수인사를 한 셈입니다. 지나다닐 때마다 볼 사람들이니까요. 바나나 세 개를 더 먹으면 아침 식사로는 충분합니다.

델리에 오면 제일 먼저 찾는 곳은 간디 무덤이 있는 라즈가트입니다. 델리 게이트 메트로역에서 내려 그곳으로 가는 방향에 간디 박물관이 있어 먼저 들르게 됩니다(간디 박물관은 델리 여러 곳에 있습니다). 박물관에는 간디 일생과 그의 소박하지만 강렬한 삶을 느낄 수 있는 사료들이 많이 있습니다만, 그중에서도 아래 사진으로 볼 수 있는 이 전시물에 발길이 멎습니다. 세상에서 이렇게 당당하게 말할 수 있는 사람이 몇 분이나 있을까요?

● 이렇게 당당하게 세상을 산 사람이 몇 분이나 있을까?

장삼이사, 필부들 삶은 그저 평범합니다. 당당하게 내세울 게 뭐가 있겠습니까? 물려받은 재산도 없는 사람들 대부분은 열심히 일한 대가로 받는 월급이나 자영업으로 번 돈으로 가족을 부양하고, 대출을 받아 어렵게 장만한 집 원리금도 갚고, 아이들 영어 공부도 시키고, 가끔 외식도 하고, 취미 생활도 하고, 해외여행도 하고, 노후를 위한 연금도 들어야 합니다. 그런 사람들이 어떻게 세상을 향해 자기 목소리를 낼 수 있겠습니까? 눈앞에 닥친 앞가림하기도 바쁠 텐데요.

그러나 너무 슬퍼하지 마십시오. 보통 사람들 대부분은 샤 자한 황제처럼 사랑하는 황후 무덤을 만들기 위해 곳간을 채우느라 국민 삶을 피폐하게 만든 권력도, 전쟁을 일으켜 수많은 희생자를 낳은 히틀러 같은 야망도, 오왕 부차를 패망의 길로 이끈 서시 같은 미모도 갖고 있지 않기에, 수많은 사람에게 해를 끼칠 잘못을 저지를 기회가 별로 없으니 얼마나 다행한 일입니까? 아무리 잘못해도 자신이나 그, 또는 그녀가 속한 가족들에게 어려움을 끼칠 정도밖에 안 되는 인물들입니다.

하지만 한 인간은 존재 가치가 희미하더라도 어떤 집단을 구성하는 중요한 일원이고, 전부이기도 합니다. 왜냐하면 내가 존재하기에 인식할 수 있는 대상이 생겨날 수 있기 때문입니다. 우리들은 간디가 아니기에 간디처럼 세상 사람들에게 울림을 주는 메시지를 던질 수는 없겠지만, 적어도 간디처럼 삶으로 보여주려는 노력은 해야 될 듯싶습니다. 그렇게 살지 못했다는 회한에 뉘우치고, 노력하겠다고 다짐하게 만드는 힘이 간디의 위대함인 듯싶습니다.

라즈가트는 넓은 공원입니다. 공원 중심에 간디 시신을 화장한 곳에 제단을 만들고 추모하는 등불이 항상 켜져 있습니다. 간디 일생에 여러 평가가 있을지라도 어려웠던 시절 청빈한 생활과 비폭력 저항 운동으로 인도와 인도인들에게 큰 희망을 준 공로는 사라지지 않을 것입니다. 그를 기억하고 그리워하는 사람들 행렬은 오늘처럼 내일도 끊이지 않고 이어질 것입니다.

이제 다시 올 기회가 없을 듯싶어 제단 앞에 선 나는 머리 숙여 공손하게 작별 인사를 합니다.

● 라즈가트. 간디를 화장한 곳에 추모하는 제단을 만들었다. 사망한 지 75년이 지났으나 여전히 참배객들이 줄을 잇는다.

여행의 즐거움

숙소 로비에서 캐나다 여행자를 만났습니다. 이런저런 사람들을 만나는 것도 여행하는 즐거움 중 하나입니다. 그는 코로나 초창기에 인도 여행을 왔다 캐나다가 국경을 닫는 바람에 돌아가지 못하고 고생을 많이 했답니다. 그렇지만 그 때문에 인도에 정이 많이 들었답니다. 오후에는 카주라호로 간답니다. 거기서 몇 달 지낼 생각이랍니다. 몇 달 동안 뭘 할거냐니까 자전거를 빌려 이곳저곳 돌아다닐 거랍니다. 몇 달 동안이나, 의문이 들었으나 더 묻지는 않았습니다.

몇 달은 아니지만 코사니에서 닷새 동안 아무것도 하지 않고 산만 바라보며 지낸 적은 있습니다. 코사니는 인구 1,000여 명 정도밖에

되지 않는 아주 작은 마을로 첩첩산중이라 가는 길도 만만하지 않습니다. 산사태도 나고 사고도 끊이지 않는 곳입니다. 그러나 만년설로 치장한 눈이 부시도록 하얀색 옷을 입은 히말라야산맥을 가까이 바라볼 수 있는 곳이라 고행길을 마다하지 않는 여행객들이 제법 있습니다.

해가 뜨면 민박집 옥상으로 올라가 세 개 봉우리로 이루어진 트리술을 마주 보고 앉아 시간을 보냈습니다. 가장 높은 봉우리는 7,120m입니다. 태양 움직임에 따라 미묘하게 변하는 색감과 질감은 참으로 신비스러웠습니다. 몇 시간을 바라보고 있어도 전혀 지루하지 않았습니다. 다음 날 같은 시간과 장소에서 다시 보아도 처음 보는 것처럼 늘 새롭고 오묘했습니다. 내가 그랬던 것처럼 캐나다인 여행자도 카추라호에서 서너 달 동안 마음을 쏟아 할 일이 있을 것입니다. 무언가 새로운 일을 하기 위해 준비하는 시간일지도 모릅니다.

그리 가까운 사이는 아니지만 요식업을 하는 아는 분이 있습니다. 그분 큰누님과 친분이 있는 사이라 나이 차이가 제법 있습니다. 그는 사업이 자리를 잡으면 믿을 만한 사람에게 맡겨놓고 여행을 하고 싶답니다. 여러 나라 장례문화를 비교, 연구하는 일을 하고 싶어 했습니다. 정말 재미있을 것 같지 않습니까? 그렇지만 시간과 비용이 많이 필요할 듯합니다.

내가 본 가장 흥미로운 장례문화는 인도네시아 술라웨시섬 따나또라자 지방입니다. 장례식은 보통 1주에서 2주까지 이어집니다.

형편에 따라 다르긴 하겠지만 수십 마리 돼지와 물소가 제물이 됩니다. 마을 사람은 물론 멀리 나가 살던 친지들도 모두 모이는 성대한 예식입니다. 막대한 비용이 들기 때문에 돈이 마련될 때까지 2년이든 3년이든 시신을 집 안에 모시고 삽니다. 특수 처리를 해 냄새와 부패를 방지한다고 합니다.

 이런 특이한 장례 풍습은 아예 관광 상품화되었습니다. 따나 또라자는 술라웨시섬 관문 도시인 마카사르에서 버스를 이용하면 10시간 가까이 걸리는 오지입니다. 같은 마을이라도 지역이 넓고 도로들이 잘 연결되지 않아 외국인 스스로 장례를 치르는 집을 찾는 것은 불가능합니다. 보통 정보를 갖고 있는 가이드 안내를 받아 참가합니다. 이럴 때 담배나 설탕, 아니면 현금을, 우리나라식으로 말하면 조의금으로 준비합니다.

 문명 혜택이 더디고 조상숭배 전통이 강한 소수민족들 사이에서 이어지고 있는 장례문화는 자료를 모으고, 현지에서 취재하기에는 언어 소통이나 교통 면에서 제약이 많아 비용이 늘어날 수밖에 없습니다. 내가 아는 분은 경제적 애로는 없겠지만, 자꾸 점포를 확장하고 있으니, 글쎄요, 언제 갈 수 있을지는 잘 모르겠습니다. 하지만 언제인지는 기약할 수 없어도 희망을 잃지 않고 준비하는 것만으로도 즐거운 일이 될 수 있을 겁니다. 어쩌면 사업적 재능이 있으니 유튜브 크리에이터를 생각하고 있는지도 모르겠습니다. 차별화된 콘텐츠일 것은 분명하니까요. 잘 준비하고 있는 사람만이 예고 없이 찾아오는 기회를 잡을 수 있습니다.

점심을 먹고 찬드니촉으로 시장 구경을 나갔습니다. 찬드니촉은 말 그대로 없는 것 빼고는 다 있는 시장입니다. 규모가 큰 만큼 인파도 엄청납니다. 그중에는 노련한 소매치기도 많이 섞여 있다고 합니다. 나는 백화점이나 대형 쇼핑몰보다 복작거리는 재래시장이 더 정겹습니다. 물건을 살 일은 없으나 소비자들 구매 욕구를 일으키기 위해 잘 정리된 상품들을 보는 것도 재미있습니다.

상인, 구매자, 구경꾼, 물건을 나르는 사이클 릭샤들이 엉켜 혼잡한 시장길을 한 바퀴 돌고 큰길로 나와 짜이를 한 잔 마십니다. 동양인 여행자들이 여럿 지나갑니다. 단체 여행자들인 듯 보입니다. 인도는 한국인들이 그리 많이 방문하는 국가는 아닌 모양입니다. 이번 여행길에 아직 한국인을 만난 적이 없습니다.

나는 다른 사람들과 어울려 여행을 한 적이 별로 없습니다. 패키지여행이라고는 아내와 짧은 일정으로 일본과 대만을 한 번씩 다녀온 게 전부입니다. 그 대신 여행하는 동안 교통편이 나빠 혼자 가기에는 애로가 있는 곳은 현지에서 투어를 신청해 같이 다닙니다. 대개는 당일치기입니다.

그렇게 돌아다니다 보면 다른 여행객들을 만날 기회가 많이 있습니다. 서로 유용한 정보를 교환하기도 합니다. 대화 물꼬를 트는 것은 어느 나라에서 왔냐는 물음입니다. 코리아라고 하면 북, 남? 하고 되묻습니다. 보통은 그냥 남이라고 대답하지만, 너는 북쪽 여행자를 만나본 적 있냐, 되묻기도 합니다. 만났다는 사람은 없었는데 북한을 여행했다는 태국인을 만난 적은 있습니다. 태국 출생으로 지금은 미국 국적을 가진 젊은 여성이었습니다.

　여행하는 중에 만났던 사람들 중에서 기억에 남는 사람들도 몇 있습니다. 아내와 동행한 로마에서 LA에 사는 젊은 부부를 만난 적이 있습니다. 로마에 머무는 동안 한국인이 진행하는 여행사 투어를 3일 동안 계속 이용하였는데 그 부부도 일정이 같았습니다. 어린 나이에 이민을 간 다음 외국 여행을 하는 것은 처음이라고 했습니다. 음식점을 하는 부모님을 도와 같이 일을 하고 있답니다. 성실하고 선해 보이는 젊은이들이었습니다. 늘그막에 배낭여행을 다니는 우리가 꽤 부러웠던 모양입니다. 미국 서부를 가는 길이 있으면 꼭 들르겠다고 했는데 아직 기회가 없어 아쉽습니다.

　이집트 바하리야 사막에서 같이 야영했던 젊은이 생각도 납니다. 문화센터에서 펜싱을 가르친다고 했습니다. 살고 있는 집 근처여서 아이들이 어렸을 때 수영장을 이용했던 곳이라 더 반가웠습니다. 이 친구는 잠시 쉬는 시간을 갖기 위해 혼자 여행을 떠났다고 했습니다. 카이로로 나가 하루 지낸 다음 스킨스쿠버를 하기 위해 다합으로 갈 예정이었습니다. 후에 보내온 이메일에는 너무 재미있고 여유로워서 예정일을 일주일 정도 넘겨 돌아왔다고 했습니다. 다합이 시나이반도 쪽에 있는 곳이라 약간 걱정이 되었는데 잘 즐기고 돌아왔다니 반가웠습니다.

　아바나 공항에서 유치원을 다닐 정도 아들을 데리고 1년 가까이 여행하고 있다는 젊은 부부를 만난 적이 있습니다. 멕시코 칸쿤으로 나와 같은 호스텔에 묵으면서 야시장에서 저녁을 같이 먹었습니다. 다니던 직장을 그만두고 여행을 떠났다는데 용기가 필요한 결단이란 생각이 들었습니다. 나름대로 경비를 줄이기 위해 애를 쓴다고 생각했지만, 이 부부 알뜰함에는 크게 미치지 못한다고 여겨졌습니다.

아내와 같이 갔던 스페인 세비야에서 혼자 여행 중인 쉰 중반 여성을 만난 적이 있습니다. 그 정도 나이에 혼자 다니는 배낭여행자를 만난 적이 없기에 반가웠습니다. 나이 많은 사람이 혼자 배낭여행을 하는 외국인들은 많이 보았으나 한국인을 만난 기억은 없습니다.

아내와 친해져 저녁으로 오징어 먹물 파에야를 같이 먹었습니다. 세비야가 초행길이 아닌 그녀는 맛있게 요리하는 집을 알고 있었습니다. 독실한 가톨릭 신자였고, 어인 까닭인지 결혼을 한 적 없는 독신이었습니다. 일을 하지 않아도 평생 여유롭게 살 만한 유산을 물려받았답니다. 시간과 비용에 제약이 없어 주로 여행을 다닌다고 했습니다. 분쟁 지역이나 여행이 금지된 나라를 제외하면 거의 모든 나라를 다녀본 듯했습니다.

아내와 나누는 이야기를 들으면서, 나는 이상하리만치 부럽다는 생각이 들지 않았습니다. 오히려 마음 붙일 곳이 별로 없는 듯싶어 측은하고 안타까운 마음이 되었습니다. 내게 없는 것을 가진 자에 대한 시샘 따위는 전혀 아니었습니다. 가까운 사이라면 글쓰기나 사진 공부를 해 기록을 남기라고 권하고 싶었습니다. 지금은 여행이 소일거리겠지만 결과물을 만든다면 일이 되기 때문입니다. 그녀에게 딱 맞는 노동입니다. 돈을 벌지 못해도 상관없으니 얼마나 좋은 일거리입니까?

● 우유니 사막 투어를 같이 한 일행들. 멀리서 찍은 사진이라 초상권 문제가 없을 듯싶다.

나이 많은 사람을 대하는 젊은이들 인식은 우리나라와 외국인들 사이에 차이가 느껴지기도 합니다. 우리나라 젊은이들은 나이 많은 사람에게 기본적인 예의에 어긋나지는 않지만, 같이 지내는 것은 좀 불편하고 거북하게 여기는 경향이 엿보입니다. 그런데 외국 젊은이들은 좀 다른 것 같습니다.

나는 볼리비아 우유니 사막 2박 3일 투어를 유럽 젊은이들과 함께 해본 적이 있습니다. 스코틀랜드에서 온 친구 사이 남자 둘, 네덜란드에서 따로 왔지만, 인사를 하고 보니 같은 도시에 살고 있다는 남녀 각 한 명, 독일에서 온 여자 한 명, 그리고 한국에서 온 70살 먹은 남자 한 명, 이렇게 여섯 명이 칠레 아따까마 호스텔에서 만나 우유니 사막에서 3일 동안 같이 지냈습니다.

나 하나를 제외하면 모두 20대인 이 조합은 한방에서 같이 잠을 자고, 밥을 먹고, 저녁에는 맥주를 마시며 카드놀이를 하고 낄낄거리며 잘 놀았습니다. 사륜구동 밴은 운전기사 옆자리에 한 명, 중간에 세 명, 맨 뒤에 두 명이 타는 구조였는데, 당연히 앞자리가 제일 편한 자리였고, 맨 뒤는 의자 간격이 너무 좁아 엄청 불편했습니다. 우리들은 약속은 안 했어도 내리고 탈 때마다 돌아가며 자리를 바꿨고, 나 역시 예외는 아니었습니다. 앞에 타라고 권하는 사람도 없었습니다.

그런데 독일 여자가 좀 문제였습니다. 우리들은 서로 가진 것을 기사까지 포함해 조금씩이라도 나눠 먹었는데, 이 독일인은 차를 타고 이동하는 동안 가운데 자리 중간에 앉아 풋사과 하나를 칼로 저며가며 혼자 먹는 강심장을 가졌습니다. 사과를 먹는 동안 아무도 말을 하는 사람이 없었습니다. 사각사각, 사과 씹는 소리만 들렸습니다. 그러니 자연 따돌림을 당하고 잘 어울리지를 못했습니다. 어쩌겠습니까. 끝날 때까지는 동행이니 떨어져 있으면 불러 같이 놀게 하고, 마지막 날에는 앞자리에 혼자 앉게 두었습니다. 다행히 그날은 이동 거리가 그리 많지 않아서인지 불평하는 사람도 없었습니다.

2박 3일 투어가 끝나고 독일인은 항공편으로 칠레 산티아고로 돌아가 귀국한다고 헤어졌습니다. 이 친구 헤어지기 전에 내게 폭 안겨, 너 아니었으면 투어가 엄청 힘들었을 거라며 고맙다고 울먹였습니다. 힘들었던 것이 자기 때문이라는 건 알고 있을까요? 이런 경우 대부분 자신은 아무 잘못이 없고 다른 사람들 때문이라고 생각하는 게 보통입니다. 나머지 다섯 사람은 헤어지기가 싫다며 모두 수크레까지 이동해 며칠 더 같이 지냈습니다.

그런데 이 친구들 여행하는 방식이 나하고는 전혀 달랐습니다. 나는 주로 유명한 건물이나 유적, 자연 경광들을 둘러보는데, 너흰 오늘 뭘 했니, 물어보면, 오늘은 스페인어 공부를 했답니다. 내일은 뭘 할 거니, 하니, 스페인 요리를 배우러 갈 거랍니다. 여행하는 방식에 정답이 있지는 않을 테니 옳고 그름을 따질 수는 없을 거지만, 나보다 훨씬 여유롭고 재미있는 여행을 하는 듯싶었습니다. 스코틀랜드에서 온 두 친구는 대학을 갓 졸업하고 취업하기 전에 1년 정도 여행을 할 계획이라니, 경제적 여유와 높지 않은 취업 문턱이 느껴지기도 해 부럽다는 생각이 들기도 했습니다.

같이 묵었던 수크레에 있는 숙소는 수용 인원이 300명이 넘는 대형 호스텔이었습니다. 나는 작고 조용한 곳을 좋아하는데, 이 친구들은 사람이 많고 왁자지껄한 분위기를 즐깁니다. 저녁은 주로 호스텔에서 먹었는데 맥주를 곁들인 밥값은 1/N로 부담합니다. 그렇게 지내는 동안 나이 차이 때문에 불편함은 느껴보지 않았습니다. 헤어진 다음에 이메일을 몇 번 주고받았습니다만 더 이상 연락은 하지 않았습니다. 네덜란드를 들를 기회가 있었지만 너무 짧은 일정이라 만날 시간이 없었습니다.

 한국인들만 그룹으로 여행을 한 적도 있습니다. 나는 사찰 기행문을 쓰기 위해 중국 오대산에서 시작해 티베트 라싸를 거쳐, 네팔, 인도, 스리랑카, 태국, 미얀마, 라오스, 캄보디아, 베트남, 그리고 다시 중국으로 들어가 아미산, 주화산, 보타산까지 넉 달에 걸친 여행을 했습니다. 라싸는 빼놓을 수 없는 곳이었는데 그곳을 가기 위해서는 중국 입국 비자와 별도로 허가를 또 받아야 했습니다. 중국 공안에서 개인별로는 허가를 내주지 않고 현지인 가이드가 딸린 그룹 여행만 가능했습니다(오래전이라 지금 상황과 다를 수 있습니다).

 나는 중국여행동호회라는 인터넷 카페를 통해 일정이 비슷한 사람들 다섯 명과 연결이 되었지만, 나이가 많다고 내켜 하지 않는 리더를 설득하는 데 애를 먹었습니다. 아직은 다닐 만한 체력이고, 배낭여행으로 네팔과 인도도 여러 번 다녀봤으며, 고산 트레킹도 문제 없었다는 어필로 겨우 설득할 수 있었습니다. 그렇게 라싸 퍼밋을 받았고, 여섯 명 중 두 명은 항공편을 이용해 바로 라싸로, 네 명은 베이징역에서 만나 칭짱열차를 타고 라싸 기차역에서 함께 만나기로 하였습니다.

 베이징에서 라싸까지는 열차로 44시간이 걸립니다. 밤 9시경 떠난 열차는 이틀이 지난 오후 5시쯤 라싸에 닿습니다. 이틀을 기차 안에서 숙식해야 합니다. 침대칸이라 크게 힘들지는 않습니다. 그런데 고지대를 지날 때는 산소가 희박해 고산병에 걸리기 쉽습니다. 열차 안은 산소를 별도로 공급하지만 가장 높은 곳에 있는 해발 5,068m 탕구라역에 도착했을 때는 걷기가 힘들 정도였습니다. 비행기를 이용하면 몇 시간이면 갈 수 있지만 열차를 이용하는 게 고산병에는 더 유리하다고 합니다. 열차에서는 서서히 우리 몸을 환경에 적응시킬 수 있기 때문입니다.

이틀을 열차 안에서 보내야 하는데 이웃을 잘 만나는 게 중요합니다. 중국인은 대체로 목청이 크고 주변 사람에 대한 배려에는 인색한 듯합니다. 인도인들과 비슷합니다. 늦은 시간에도 통화 소리는 쟁쟁하고 미디어에서 들리는 노랫소리는 흥겹습니다. 손주나 자식들에게는 아주 너그럽습니다. 소리 높여 울든, 이리저리 뛰어다니든, 과자부스러기를 흩뿌리든 상관하지 않습니다. 세상에 제 핏줄보다 소중한 것은 없으니까요.

중국은 워낙 땅이 넓고 여러 소수민족이 모여 있는 나라라, 짧은 여행으로 열댓 번 다녀봤다고 아는 체할 수 있는 나라는 아닙니다. 그러나 한두 번을 다녀보아도 느낄 수 있는 것이 있습니다. 중국이 경제 대국은 될 수 있을지언정 문화 대국은 어림도 없겠다는 생각입니다. 문화적 수준을 측정할 수 있는 세계 공통적인 기준을 만들어 순위를 매기면 중국과 인도는 어느 수준이 될지 궁금합니다.

칭짱열차 개통은 티베트 사람들 생활에도 많은 영향을 끼쳤을 것 같습니다. 사람과 물자 이동이 수월해지고 섬처럼 고립되었던 라싸 문이 활짝 열린 셈이 되었을 것입니다. 반면에 그만큼 중국 영향력은 더 커졌을 겁니다. 실제 한족 이주가 이어지면서 티베트 경제를 장악하고, 유사시에는 군인과 무기 이송도 수월할 것은 분명하겠지요.

라싸역에 내리자 가이드와 일행 두 명이 기다리고 있었습니다. 일행을 성별로 보면 세 명씩입니다. 나이로는 내가 제일 많고 30대 후반으로 보이는 남녀 각 한 명, 대학생인 자매, 그리고 20대 후반으로 보이는 남자 한 명입니다. 그런데 이렇게 몇 명만 모여도 마음이 맞지 않아 문제가 생깁니다. 같은 항공편으로 라싸에 온 남녀가 그동안 벌써 다투기라도 했는지 서로 등을 돌립니다. 두 사람은 경제적 여유도 있고, 여행 경력도 꽤 많은 듯합니다. 그러니 누가 먼저 양보할 의사가 보이지 않습니다. 서로 어울리지 못하고 남자는 남자대로, 여자는 여자대로 따로 돕니다.

숙소로 묵었던 호스텔이 남녀 구별이 되어 있던 탓도 있을 겁니다. 마음이 맞지 않는 사람들과 같이 여행한다는 것은 매우 힘이 들지만, 이번 여행은 모든 일정이 가이드에 의해 통제되고 있어 실상 구성원 의사는 그리 중요하지 않습니다. 기껏해야 저녁 메뉴를 고르는 정도니까요.

다음 날 아침 나는 혼자 이른 시간에 투덜대는 유스호스텔 직원을 깨워 대문을 열고 조캉사원으로 향했습니다. 가이드 일정에 들어 있지 않아 문제가 될 소지가 있을지도 모르겠지만, 라싸까지 와서 조캉사원을 안 보고 갈 수는 없었습니다. 아직 어둠이 물러가지 않은 이른 시간임에도 사람들 움직임이 많습니다. 그들을 따라가면 되니까 조캉사원 가는 길을 찾는 것은 어렵지 않습니다.

라싸인들 하루는 조캉사원에서 시작하는 듯싶습니다. 사람들은 먼저 바코르를 따라 시계 방향으로 돕니다. 염주를 굴리며 기도하고, 마니차를 돌리고, 혹은 오체투지로 바코르를 돌아 사원에 이릅니다. 조캉사원 앞 광장에는 이미 많은 사람이 모여 있습니다.

● 라싸 조캉사원의 아침. 많은 티베트인들이 오체투지로 절을 하고 있다.

조캉사원은 티베트 불교인들 정신적 지주가 되는 곳입니다. 그래서인지 중국문화혁명 때에는 돼지우리로 변했던 곳이기도 합니다. 티베트를 점령한 중국은 티베트인들 정신적 지주인 조캉사원과 달라이 라마 존재를 지우고 싶었을 겁니다. 지금 다람살라에 있는 망명정부 지도자인 달라이 라마 사후에는 어떤 일들이 벌어질지 우려스럽습니다. 이미 아흔에 가까운 고령이라 먼 훗날 일도 아닙니다.

오늘도 많은 티베트인들은 매일 새벽 사원 앞에 모여 오체투지로 인사를 하며 소원을 빌 것입니다. 어떤 소원을 구할까요? 그들이 바라는 소원은 이루어질 수 있을까요? 그들 소원을 알 수는 없지만 어떤 바람이든 이루어지면 좋겠습니다.

6박 7일에 걸친 티베트 여행은 아쉬움을 남기고 끝났습니다. 중국 국경도시인 장무에서 네팔로 건너와 카트만두에서 일행과 하룻밤을 같이 지낸 다음 헤어졌습니다. 아주 홀가분한 기분이었습니다.

라싸를 다시 가보고 싶은데 그룹 여행을 해야 한다는 게 마음이 내키지 않습니다. 지금도 사정은 좋아지지 않았을 것 같습니다. 자유롭게 돌아다닐 수 있다면 그때는 꼭 다시 가고 싶지만, 기회가 주어질 것 같지는 않습니다. 그래도 무엇인가를 기대한다는 것은 무미건조한 시간에 활력소 같은 역할을 합니다.

시간이 머무는 곳 – 카트만두

　　12월 30일, 델리를 떠나 카트만두 트리부반 국제공항에 도착합니다. 인터넷을 통해 15일짜리 도착 비자를 신청해 두었고 찾을 짐이 없는 터라, 일찍 수속을 끝내고 네팔 땅을 밟았습니다. 택시를 이용해 타멜 거리에 있는 노매드 호텔을 찾았습니다. 예약은 확인이 되었으나 방은 없답니다. 급이 비슷한 다른 호텔을 소개해 주겠다며 전화를 걸고는 사람이 올 테니 조금만 기다리랍니다. 가끔 있는 일인 듯 미안한 기색도 없고 나 역시 1박에 10불도 안 되는 저렴한 숙소가 어디든 큰 차이도 없을 테니 그냥 무심합니다. 다만 나를 데리러 사람이 왔을 때 오늘 요금은 이미 지불했다는 것을 확인해 두었습니다.

배낭을 놓고 저녁을 먹을 겸 타멜 거리를 천천히 걸어 카트만두 게스트하우스 앞으로 갔습니다. 게스트하우스라고 하지만 꽤 괜찮은 호텔입니다. 처음 이곳을 왔을 때 세 식구가 묵었던 곳입니다. 근 20년 전에 트리플 룸이 17불이었으니 아마도 지금은 많이 올라 혼자 머물기에는 부담 될 것 같습니다.

호텔 바로 옆 건물에 있는 네팔리언 밴드가 라이브 공연을 하는 카페는 음악 소리가 들리지 않는 것으로 보아 아직 이른 시간인 모양입니다. 그리고 몇 걸음 더 내려가면 꽤 규모가 큰 서점이 있었는데 보이지 않습니다. 서점에는 예쁜 기념품을 파는 곳도 있고, 안쪽에는 차를 마실 수 있는 공간도 있어 식구들과 같이 몇 번 들렀던 곳입니다.

가족들과 얽힌 사연이 있는 곳에 오니 집에 있는 식구들 생각이 납니다. 가까운 사람들과 멀리 떨어져 있으면 시간이 지날수록 그리운 마음이 쌓일까요, 아니면 점차 잊히는 걸까요?

처음 배낭여행을 혼자 떠날 때는 가족들 관심이 뜨거웠습니다. 다시 돌아오지 못할 길을 떠나는 사람 배웅하듯 모두 모여 밥도 먹고, 조심해서 잘 다녀오라는 인사도 여러 번 이어지고, 심지어 돈 아끼지 말고 잘 먹고 다니라며 벤저민 프랭클린과 대면할 수 있는 지폐를 몇 장씩이나 건네기도 했습니다. 여행 중에는 SNS 메신저가 개발되기 전이라 잘 다니는지 궁금해하는 사람들을 안심시키기 위해 비싼 요금을 내고 국제 전화를 이용하기도 했습니다. 경험도 없는 사람이 혼자 떠났으니 마음이 놓이지 않았을 겁니다.

그러나 여행길이 잦아지고 한번 떠나면 보통 한두 달, 길게는 서너 달씩 돌아다니니 차츰 관심 밖으로 밀려났고, 밥이나 벤저민 프랭클린은커녕, 간다, 하면 잘 다녀오세요, 왔다, 하면 오셨어요, 간단한 통화가 끝이 되고 말았습니다. 멀리 떨어진다는 것은 그리워지는 마음이 생기기도 하겠지만 결국 잊히는 것이라 생각됩니다. 그것은 아마 평소에도 내 존재감이라는 게 미미해 있어도 그만, 없어도 그만이기 때문일지도 모르겠습니다. 집에 있으나, 밖에 있으나, 심지어 이승에서 사라져도 주변 사람들이 느끼는 상실감은 크지 않을 것 같습니다. 다행한 일이기도 합니다.

사실 집에 있는 사람이나 떠난 사람이나 상대방 소식이 궁금해 애를 끓일 필요는 없을 것 같습니다. 사소한 사고 정도야 언제, 어디서든 일어날 수 있는 일들이고, 딱히 도와줄 수 있는 길도 없으니까요. 차라리 모르면 마음이라도 편합니다.

붓다가 열반에 든 인도 쿠시나가르에 머물 때입니다. 저녁을 먹고 숙소에서 쉬고 있는데 무슨 예감이라도 들었는지 갑자기 집에 전화를 하고 싶어졌습니다. 아내가 전화를 받자마자 전쟁이 났다며 숨이 넘어갑니다. 텔레비전 뉴스에서 불빛이 번쩍번쩍하고 포탄이 막 날아다닌답니다. 어디냐니까 연평도라고 합니다. 사람이 참 얄궂습니다. 연평도 사람들이야 어찌 되든 서울이 아니라는 데 마음이 놓입니다.

서울까지 포탄이 날아오진 않을 테니 라면 사러 나갈 일 없을 거라 하고 전화를 끊었습니다. 막상 전쟁이 나서 서울이 불바다가 된다 한들 지금 내가 할 수 있는 일은 아무것도 없으니 그저 두고 볼 수밖에요. 일상생활에 변화가 없었는지 그 일로 아내에게서 다시 전화는 없었습니다. 나중에 보니 당시 포격 사건으로 사망자 네 명과 부상자 여러 명이 나왔다고 합니다. 그 기사를 읽으면서 잠시나마 지극히 이기적인 생각을 했다는 게 죄송한 마음이 들었습니다.

그런데 가끔 묘한 시점에 큰애에게서 전화가 올 때가 있습니다. 이번 여행길에는 쉬라바스티에서 델리로 가기 위해 버스를 타러 가는 승용차 안에서였습니다. 어떤 보살이 천축선원에 승용차 한 대를 보시한 덕분에, 선원 매니저가 운전하는 자동차 뒷자리에 앉아 편하게 가고 있는데, 전화벨이 울렸습니다. 좀처럼 전화하지 않는 큰애 목소리에 집에 무슨 일이 있는가, 걱정이 먼저 되었습니다. 큰애는 아무 일 없이 잘 지낸다며 별일 없는지 궁금해 전화했노라 좀 두루뭉술하게 얼버무렸습니다. 재미있느냐, 건강하시냐, 일상적인 인사말을 나누고 전화를 끊었는데 좀 찜찜했습니다. 할 말이 있어 전화했지만 차마 못 하고 횡설수설한 듯한 느낌이 들었습니다.

델리에 와서야 나는 큰애가 전화한 까닭을 짐작할 수 있었습니다. 며칠 전에 포카라에서 안나푸르나 설산 위로 떠오르는 달 모습을 동영상으로 촬영해 가족끼리 일상을 공유하는 SNS에 올렸는데, 그 후에 포카라에서 비행기 사고가 나 한국인도 두 명이 희생되었다는 보도가 있었습니다. 큰애는 내가 포카라에서 어딘가로 움직일 텐데 혹시 하는 걱정이 되었던 모양입니다. 공교롭게 시점이 마주친 경우일 수도 있으나 전에도 그런 일이 있었습니다.

바라나시 다사스와메드 가트에서는 저녁이면 힌두교 예식인 뿌자가 열립니다. 현지인뿐 아니라 외국인들도 많이 참석해 주로 제단이 보이는 가트에 앉아 예식에 참여합니다. 가트와 제단 사이는 강변을 오가는 사람들을 위해 비운 통로가 있고, 사람들 왕래가 잦아 가트에 앉은 사람들 시야를 가립니다.

바로 그 옆 축대 위에 개인 집 베란다 같은 공간이 있는데 높은 위치라 시야에 장애물이 없고 의자도 있어 편히 볼 수 있습니다. 사진 찍기도 편합니다. 그 대신 공짜가 아니라 자릿값을 약간(30루피던가요?) 받아 주로 외국인 관광객들이 이용합니다. 나 역시 그 자리에 있었는데, 며칠 후 첸나이로 가는 기차 안에서 큰애 전화를 받았습니다.

바라나시에서 첸나이까지는 44시간 정도가 걸리니 이틀을 기차 안에서 보내야 합니다. 아마도 두 번째 날인 듯 기억됩니다. 큰애는 바라나시 가트 바로 내가 있던 그곳(처음 바라나시에 왔을 때 세 식구가 앉았던 곳이기도 합니다)에서 폭탄 테러가 났다며 별일 없느냐고 물었습니다. 나중에 뉴스를 보니 내가 떠난 바로 다음 날이었습니다. 평소 자주 연락도 안 하고 관심도 없어 보이지만, 내가 있었을 만한 자리에서 사고가 나면 걱정이 되는 모양입니다. 가족이라는 관계로 엮인 사이라 잊고 있다가도 작은 계기가 있으면 생각이 나는 듯싶습니다.

그런데 관심을 갖는 범위를 나와 남으로 구분되지 않는 우리라는 개념으로 좀 확장해 보는 것이 좋을 것 같다고 생각됩니다. 내 아이 내 가족에서, 우리 아이 우리 이웃이 된다면 때때로 오지랖도 넓다고 빈정거리는 소리를 듣기도 하겠지만, 공동체 삶은 좀 더 유연하고 부드러워질 것 같지 않습니까? 그러면 아파트 층간 소음이 윗집 아이들이 씩씩하게 잘 자라고 있다는 소리로 들리기도 하고, 코리안

드림을 이루고자 건설 현장 등에서 제대로 된 안전장치도 없이 일을 하다 사고로 죽고 다치는 외국인 노동자들 안타까운 사연에도 관심을 기울이게 될 것입니다. 사회적 관심이 높아지면 기업주들은 안전에 더 신경을 쓰게 되겠지요.

요즘 같은 세상에 다른 사람들에게 피해를 주지 않고 산다는 것도 훌륭합니다. 하지만 그것은 내가 당신들에게 끼친 손해가 없으니 내 것도 건드리지 말라며 끌어안는 아주 이기적인 행위로 보입니다. 손해를 끼치지 않는 것은 당연한 일이고, 나누는 것이 훨씬 행복한 삶입니다. 작은 것이라도 나눌 수 있는 걸 가졌다는 것이 얼마나 고마운 일이겠습니까!

사람들 사이 관계는 관심에서부터 시작합니다. 누군가가 나를 지켜보고 있다는 것을 알면 안도하게 되고, 상대가 실망하지 않도록 행동거지를 조심하게 됩니다. 깊은 사랑이 담긴 시선으로 관심 있게 이웃을 바라보는 마음은 자신과 세상을 더 나은 상태로 변화시킬 수 있는 힘이 될 것입니다. 부모와 자녀 관계도 그럴 것 같습니다. 관심은 결국 서로 이해에 이를 수 있는 시발점이 되기 때문입니다.

타멜 거리를 좀 더 걸어갑니다. 한국인이 경영하는 네팔짱이라는 곳을 찾아볼 생각입니다. 숙소는 다른 곳을 정했지만, 그 집 마당에서 먹던 김치찌개 생각이 났기 때문입니다. 그런데 문을 닫았는지 찾을 수가 없었습니다. 여기도 코로나 영향을 견뎌내지 못한 모양입니다. 아쉬운 마음을 달래며 왔던 길을 다시 올라갑니다. 네팔은 늦은 시간에 인적이 드문 곳을 혼자 걸어도 크게 불안하지 않습니다.

● 카트만두 여행자 거리 타멜. 연말이라 그런지 젊은이들이 거리를 가득 메우고 있다.

　오랜만에 찾아와도 낯설게 느껴지지 않는 곳이 있습니다. 델리 파하르간지나 카트만두 타멜 거리가 그렇습니다. 캐시미어 같은 특산품이나 기념품을 파는 노포들, 마음을 적시는 "옴마니밧메훔" 진언 소리는 여전히 묵직하게 깔리고, 익숙한 향신료 냄새 등 변화를 느낄 수 없는 예전 모습 그대로가 정겹습니다. 새로 지은 건물도, 가게도 보이지 않습니다. 처음 네팔에 왔을 때 공예품을 샀던 점포도 아직 그대로입니다. 마치 몇십 년 세월을 거슬러 과거로 되돌아간 느낌입니다.

　애초에 네팔짱 김치찌개를 생각했던 터라 한국음식점을 찾았습니다. 그리고 경복궁이라는 곳에서 비빔밥을 먹었습니다. 바라나시 라가 카페에서 먹겠다고 생각한 비빔밥이었는데 솜씨는 그곳만 못한 듯싶습니다. 그래도 오랜만에 먹는 한식이라 반갑고 만족한 저녁이었습니다.

죽기 전에

카트만두 둘째 날, 더르바르 광장으로 향했습니다. 더르바르는 왕궁이란 뜻을 가진 보통 명사입니다. 네팔에는 여러 왕궁이 있지만 카트만두, 파탄, 박타푸르 세 곳 왕궁 광장이 가장 유명합니다.

유네스코 세계문화유산에 등재된 카트만두 더르바르 광장에는 많은 사원과 신상들이 있고, 살아 있는 여신으로 추앙받는 쿠마리가 생활하는 사원도 있습니다. 쿠마리 데비라고도 불리는 여신은 까다롭고 엄격한 과정을 거쳐 선발되어 신격화된 매우 흥미로운 존재지만, 최근에는 인권 침해 논란이 일기도 하고, 학습권 보장을 위해 학교에 보내거나 개인 교습을 하고 있다고 합니다.

● 카트만두 더르바르 광장 초입

  광장이다 보니 그 안에 거주하는 주민들 생활 터전이기도 해 난전과 기념품 가게들도 많고 다양한 먹거리들도 있습니다. 재래시장인 인드라촉이나 아산촉으로 연결되어 늘 인파가 붐비는 곳입니다. 서두르지 말고 천천히 주전부리도 즐기면서 돌아다니면 심심하지 않게 한나절 보낼 수 있는 곳이지만, 이미 여러 번 들렀던 곳이라 입장료도 아낄 겸 입구에서 왼편으로 빠져나왔습니다.

  길거리에서 파는 요거트를 잔뜩 얹은 아이스크림을 먹고 파슈파티나트 사원으로 가는 템포를 찾아 나섭니다. 혼자 여행하면 택시

타는 게 퍽 억울합니다. 혼자나 넷이나 요금이 같으니까요. 그래서 웬만하면 대중교통을 이용하려 하지만 카트만두에서 일반 버스를 이용하는 것은 꽤 어렵습니다. 우선 버스 스탠드를 찾아가는 게 요령입니다. 그곳에는 여러 곳으로 흩어지는 사람들이 이용할 교통수단이 있을 테니까요. 올드 버스 파크로 가는 길에 템포가 모여 있는 곳을 보았습니다. 그곳에서 물어보니 초록색 템포를 타라고 알려줍니다.

파슈파티나트 사원군은 파슈파티나트 사원을 중심으로 십여 개 힌두 사원이 모여 있는 곳입니다. 입장료는 꽤 비싼데 막상 가장 중요한 파슈파티나트 사원은 힌두교인 아니면 들어갈 수 없다는 게 유감입니다. 사원군 안으로 갠지스강 지류인 바르마티강이 흐르고 있습니다. 강이라고 하기에는 수량이 미미합니다만, 힌두교인들은 갠지스강 못지않게 성스럽게 여깁니다. 가트에는 화장터들이 있고, 근처에 있는 '죽음을 기다리는 집'에는 이곳에서 화장하기를 원하는 사람들이 모여 있다고 합니다. 힌두교인은 원칙적으로 죽으면 24시간 이내에 화장해야 하는데 멀리 있으면 올 수가 없어 미리 와 죽음을 기다린다고 합니다.

여기서는 화장하는 모습을 촬영하는 것을 금지하지 않습니다. 강폭이 좁은 바로 건너편에서 시신이 누운 장작더미에 넘실거리는 불길을 바라보며 원한다면 동영상이든 사진이든 기록을 남기는 데 문제가 없습니다. 다만 가벼운 인사 정도라도 죽은 분에 대한 예의를 차리는 것도 나쁘지 않을 듯합니다.

● 바라나시 가트에서 화장하는 모습과는 조금 다르다. 바라나시는 예외 없이 장작더미 중간에 시신을 놓고 화장한다. 가끔 옆으로 삐져나온 팔이나 다리가 보이기도 한다. 이곳에서는 통 속에 시신을 넣어 훨씬 안정된 모습이다. 장식도 화려하다. 그렇지만 여기는 신분이 높은 사람들을 위한 곳이란다. 아래쪽에 있는 화장터는 바라나시와 같은 구조다.

나는 가트 한 칸 위로 올라가 거리를 두고 화장터를 보고 앉았습니다. 문득 오늘이 2022년 마지막 날이라는 데 생각이 미칩니다. 마지막 날에, 한 존재가 이 세상을 하직하는 마지막 모습을 지켜보고 있습니다. '마지막 날'이라는 말이 주는 느낌은 사람마다 다를 것입니다. 힘들었던 한 해가 지나감에 시원하고 후련할 수도, 새로운 날에 대한 기대로 가슴이 벅찰 수도, 희망했던 시간을 보내지 못한 아쉬움에 마음이 무거울 수도, 성년이 되는 사람들은 굴레를 벗어나는 자유와 동시에 묵직한 책임감을 느낄 수도 있을 것입니다.

나이가 많다고 다 그렇지는 않겠지만, 나는 내 마지막 순간이 한 해 더 가까이 왔다는 생각이 듭니다. 서러운 감정 같은 부정적인 의미는 아닙니다. 언제 찾아와도 의연할 수 있도록 준비를 잘해야겠다고 다짐합니다. 무엇보다 한 걸음 더 다가온 마지막 날까지 맑은 정신을 잃지 않았으면 좋겠습니다. 그렇지만 언제, 어떤 상태에서 마지막 날을 맞을지 알 수 없으니, 유언이랄 것까지는 없더라도 죽기 전에 아내와 자식들에게 남길 말들을 정리해야겠다는 생각도 듭니다. 물려줄 재산이 없어 공증 같은 법적인 절차를 거칠 필요가 없으니, 간디 옹처럼, 내 삶이 내 메시지다, 간단하게 말할 수 있으면 좋으련만, 언감생심, 가당치도 않습니다. 어쨌든 지금 나는 그런 생각들을 정리하기에는 적절한 시점에, 적당한 장소에 있는 것 같습니다.

아내보다 내가 먼저 죽는다면, 우선 끝까지 같이하지 못해 미안하다고 말하겠습니다. 곁에 있는 게 도움이 될지 짐이 될지 알 수 없지만, 나이 든 사람들에게는 밉든 곱든 같이 있는 것만으로도 서로 위안이 되는 것 같습니다. 아울러 가정 경제를 책임지고 힘든 세월을 견딘 노고에 고맙다는 말을 잊지 않겠습니다. 덕분에 그리 넉넉하지는 않아도 크게 모자람 없이 살 수 있었습니다.

나 없이 살아갈 세월에 대해 당부할 말이 있습니다. 거주할 집과 아껴 쓰면 혼자 살 만한 연금이 있어 경제적 고통이 덜한 것은 퍽 다행이고 마음이 편합니다. 그러나 필연적으로 나빠지는 팔, 다리, 어깨, 무릎 등 신체 기능 저하와 통증 악화는 꾸준한 운동과 물리적 치료로 다스릴 수밖에 없겠지만, 우선 한계수명에 가까워진 동물들 자연스러운 퇴화현상으로 받아들이고 순리를 거스르지 않는 겸손한 마음을 가질 필요가 있습니다. 약물이나 외과적 치료에 너무 의존하는 것은 고통을 제어하기 위한 어쩔 수 없는 측면도 있지만, 젊은 시절처럼 팔팔하지 못함에 한숨 쉬며 좌절감을 느낀다면 지나친 욕심입니다. 나이가 들었으니 아프고 불편한 것은 지극히 정상입니다. 아무리 의학이 발달했다 하더라도 노화 자체를 방지할 방법은 아직 없습니다.

신체적 노화보다 정신적 퇴화가 더 두렵습니다. 치매라도 걸려 시공간을 구별하지 못하고 사람도 못 알아보게 되면 누군가 돌볼 사람이 있어야 하는데 한두 달이라면 자식들에게 부탁하겠지만 기약 없는 돌봄을 맡길 수는 없습니다. 비용이 좀 더 들더라도 인간적인 대우를 받을 수 있는 곳을 찾아야 할 것 같습니다. 그리 많지 않은 자산이지만 자식들에게 남기려 안달하지 말고, 편안한 노후를 보내는 데 아끼지 말았으면 좋겠습니다. 자식들은 그만하면 앞가림 정도는 하고 살 만하니 크게 걱정하지 않아도 됩니다.

무엇보다 자연스레 죽음을 마주하게 될 때까지 성한 몸, 바른 정신을 유지할 수 있도록 스스로 노력하길 바랍니다. 책도 읽고, 공부도 하고, 취미 생활도 하고, 성당에도 열심히 다니고, 신체 운동 못지않게 두뇌 활동도 활발히 해야 합니다. 아직 시간이 많이 남았을 것 같지만, 내일이 바로 그날이 될 수도 있으니, 준비하고 깨어 있어야 합니다.

자식들과 관계도 냉정하게 살펴볼 필요가 있습니다. 자식이란 조건 없는 사랑과 헌신의 대상이지만 소유나 집착할 존재는 아닙니다. 이미 중년을 넘긴 나이에 자기들 가정을 꾸리고 자녀를 키우는, 경제적으로도 완전히 독립된 집단입니다. 우리가 끼어들 자리는 그리 넓지 않습니다. 손수 키워준 손주들이 눈에 밟힐지라도, 그리고 아직도 여전히 할머니 손길이 도움이 될 부분이 있겠지만, 스스로 헤쳐나갈 수 있도록 지켜보는 게 좋겠습니다. 언제까지나 돌봐줄 수는 없을 테니까요. 우리가 걱정하는 것보다 훨씬 잘하고 있을 것이라 믿고 격려해 주는 게 좋으리라 생각합니다. 지금까지 그래왔던 것처럼 크게 실망할 일은 없을 것이라 믿습니다.

자식들에게 무의식적이라도 보상을 구하지 말기 바랍니다. 여러 어려움 속에서도 최선을 다한 것은 부모로서 당연히 해야 할 의무일 뿐입니다. 행여, 내가 너희들을 어떻게 키웠는데 나한테 이럴 수 있어, 라는 생각은 갖지 말아야 합니다. 아이를 키우는 동안에 즐겁고 행복한 순간들이 있었고, 그것으로 보답은 다 받고 남았습니다.

소소하지만 아주 중요한 부탁도 있습니다. 외출할 때는, 가스는 잠겼는지, 불은 다 꺼졌는지, 흐르는 물은 없는지 찬찬히 살펴보고 열린 문이 있으면 꼭 닫기를 바랍니다. 이제는 대신해 줄 사람이 없으니까요. 약속이 있다면 늦지 않게 넉넉한 시간에 준비해 허둥대지 마십시오. 급할수록 서두르지 말아야 합니다. 자동차를 이용한다면 과속하지 말고, 차선을 바꾸거나, 좌우로 회전하는 경우 방향지시등 켜는 것을 잊지 않도록 부탁합니다.

우리는 이제 욕심도, 미련도, 집착도, 물질도, 버리고 비워 가벼워져야 할 때입니다. 그래야 부름을 받을 때 깃털처럼 가뿐히 떠날 수 있을 겁니다. 부디 그 순간까지 몸과 마음 두루 건강하기를 기원합니다.

두 딸에게도 고맙다는 말을 먼저 하고 싶습니다. 약간 굴곡을 겪으며 유년 시기를 보내면서 부모에게 걱정거리를 안긴 적은 없다는 게 참 대견합니다. 내가 알지 못하는 일들이 있었을 수도 있겠지만, 학폭이나 왕따 같은 따돌림을 당하거나, 사춘기를 지나면서 심한 성장통으로 속을 썩이지도, 학업이나 입시 때문에 어려움을 겪지도 않았습니다. 초등학교부터 고등학교까지 12년 개근을 했고, 재수나 휴학도 없이 대학을 졸업하고, 곧바로 취업해 20여 년 넘는 직장 생활을 하고 있습니다. 직장을 다니면서 대학원을 수료해 석사와 박사 학위를 얻었으니 이 정도면 고맙다는 말만으로는 좀 부족할 것도 같습니다.

그렇지만 아무리 부모 시선이라 하더라도 마음에 안 드는 게 있습니다. 세대 차이일 수도 있겠으나, 자기중심적이고, 자신의 권리라고 여기는 부분이 침해되는 것에 너무 민감하게 반응하는 것 같습니다. 어떤 때는 날이 서 있어 베일 것 같은 두려움이 들 때도 있습니다. 어떤 특정한 행위를 꼭 집어 말하기는 어렵지만, 피해 의식이나, 타인이 일정한 범위 안으로 넘어오는 것을 제어하는 방어선 같은 게 내면에 있는 것처럼 보이기도 합니다. 두려워할 것은 없으니,

마음을 열고 당당해져도 좋을 듯싶습니다.

　모든 의사 결정이 부모 영향력에 의해 행사되던 어린 시절부터 해소되지 못한 불만이나 억울한 감정들이 축적된 까닭일 수도 있겠다는 생각이 들기도 합니다. 그러니 외형적으로 원만하게 성장기를 보낸 것처럼 보이는 것은 반드시 좋은 것만은 아닌 듯싶습니다. 화가 나는 일이 있으면 대들어도 보고, 마음에 안 드는 게 있으면 목소리를 높여 따지기도 하고, 학업이 버거우면 가방을 팽개치고 방문을 걸어 잠그고 태업도 하며, 그렇게 밖으로 분출해 해소하는 것이 혼자 삭이며 쌓아두는 것보다 나을 것 같습니다. 당장은 시끄럽고 모두 속이 상하겠지만 고인 게 없어 후유증은 남지 않을 것입니다. 자식을 기르는 입장에서 한번 생각해 보길 바랍니다.

　어쨌든 온화하고, 너그럽고, 내가 조금 손해를 보더라도 양보하며 살았으면 좋겠습니다. 상대를 먼저 배려하는 따스한 온기가 퍼져야 곁에 사람들이 머물 겁니다. 세상은 어울려 사는 공간이라는 걸 잊지 말기 바랍니다.

　이제 우리는 헤어질 날이 그리 멀지 않았습니다. 쌓아둔 것이 있다면 적당한 기회에 맥주라도 한잔 마시며 응어리를 풀고 훌훌 털어버렸으면 합니다. 분명한 것은, 마음을 아프게 후비었더라도 사랑했기 때문이며, 결과가 나빴더라도 최선을 다한 선택이었습니다.

　생활이 크게 넉넉하지 않더라도 어려운 이웃들에게 관심을 갖고 도움을 주었으면 좋겠습니다. 교회를 다니면 보통 십일조 기준으로 헌금을 하지만 아직 그럴 정도 여유는 없을 테니, 매달 소득의

1/100 정도 기부를 하면 어떨까요? 소득이 500만 원이면 5만 원, 1,000만 원이면 10만 원이니 마음만 먹으면 어렵지 않은 일입니다. 적은 돈이지만 모이면 태산이 되고, 어려운 이웃에게 희망과 용기를 줄 수 있습니다. 연말 정산에서 소득 공제를 받을 수도 있으니, 그냥 헛소리로 치부하지 말고 꼭 고려해 보기를 당부합니다. 베풀면 행복해지고, 마음이 충만해지고, 여유로운 사람이 될 수 있습니다. 장담하건대 얻는 게 훨씬 많으니 망설일 까닭이 없습니다.

자매간에 서로 도울 일이 있으면 힘을 보태야 하지만 금전 거래는 하지 말기 바랍니다. 특히 어떤 일이 있어도 보증을 서는 일은 없어야 합니다. 적은 돈이라도 돌려받을 생각이면 주지 말아야 합니다. 반면에 부담이 되더라도 주는 순간 바로, 주었다는 사실 자체까지 깨끗이 잊을 수 있다면 괜찮습니다. 이것은 자매 사이뿐 아니라 다른 사람들과 관계에서도 마찬가지입니다.

이자를 매개로 한 사적인 금전 거래는 전혀 고려 대상이 아닙니다. 상식적으로 이해할 수 없는 높은 이자나 수익을 보장한다는 유혹이 있으면 모두 사기이니 눈길도 줄 필요 없습니다. 땀을 흘린 대가로 버는 돈이 가장 가치 있고, 세상에 공짜는 절대 없다는 것을 잊지 말기 바랍니다.

내가 먼저 세상을 떠날 것을 전제로 홀로 남는 엄마 노후 문제는 둘이 충분히 상의해 달리 말할 기회가 있겠지만 엄마 의사를 존중해 따라줄 것을 부탁합니다. 혼자 앞가림을 할 수 있을 정도 정신적, 육체적 건강이 유지된다면 내가 없더라도 지금처럼 지내는 것이 좋을 듯합니다. 할 일이 조금 있는 것도 나쁘지 않을 겁니다. 다른 사람 도움을 받아야 할 처지라면, 신앙생활과 인간적인 예우가 가능한 수녀원에서 운영하는 양로원 같은 곳을 찾아보는 것도 괜찮을 듯싶습니다.

어쨌든 같이 살아야겠다는 생각은 할 필요도 없고, 그러지 못해 미안하거나 죄스럽게 여기지 않아도 됩니다. 다만 너무 외롭지 않게 전화라도 가끔 하기 바랍니다.

장례는 내 생각만 한다면 여기저기 알릴 필요도 없이 바로 화장해 적당한 곳에 뿌려 흔적을 남기지 않았으면 좋겠지만, 산 사람들이 처리할 문제고, 각자 자기 자리에서 고려할 문제도 있을 테니 알아서 하길 바랍니다.

백년손님 두 분에게는 지극히 평범하고 쉬운 부탁을 하겠습니다. 좋은 남편, 훌륭한 아빠가 되어주기를 부탁합니다. 쉽다고 한 것은 당연히 그래야 하기 때문입니다. 그리고 좋은 남편, 훌륭한 아빠라는 말에는 모든 의미가 함축되어 있으니 잘 살펴 생각해 보기 바랍니다. 자식들에게 상처가 될 수 있는 말이나 행동은 신중해야 합니다. 아이들이 바르게 자라기를 원한다면, 그렇게 사는 게 어떤 것인지 스스로 모범을 보여주어야 합니다. 은퇴한 다음에는 둘이 함께 여생을 즐길 수 있었으면 좋겠습니다. 백세시대라니 충분한 시간과 여유가 있으리라 믿습니다.

마지막으로 나를 위해 울지 말기 바랍니다. 나는 찾아온 손님을 기꺼이 맞았고, 미련도 회한도 잘 정리된 상태입니다. 편도 항공권을 끊고 여행을 떠났다고 생각하면 되겠네요. 그동안 모두 고맙고, 지극히 사랑했습니다!

해가 저물자 타멜 거리는 사람들로 북적거리기 시작했습니다. 새해맞이 행사가 있는 듯합니다. 무대가 있는 앞쪽으로 가보려 하였으나 인파에 포기하고 말았습니다. 그 대신 저녁을 먹으러 작은 별이라는 식당을 찾아 나섰습니다. 현지인들이 이용하는 로컬 식당인데 이곳을 찾기 시작한 한국인들이 이름을 붙여주었답니다.

구글 지도 안내로 타멜 거리를 조금 벗어나 컴컴한 골목길로 접어들자 도착했다는 안내가 나왔습니다. 그런데 음식점은 보이지 않았습니다. 마침 생고기를 파는 가게가 있어 물어보니 바로 옆집을 가리킵니다. 아무것도 보이지 않는데 옆집이라고! 의아하게 둘러보는데 미닫이문이 열리고 사람 둘이 나왔습니다. 그 틈에 탁자에 둘러앉아 있는 사람들이 보였습니다. 조명이 너무 어둡고 유리창이 아닌지 밖으로는 빛이 새어 나오지 않아 밤길에 처음 오는 사람은 음식점이라고 생각하기 어려울 것 같습니다.

모모(만두)와 덴뚝(수제비), 그리고 수수 같은 곡물을 발효시켜 만든 네팔 전통술인 뚱바를 한 잔 시켰습니다. 주로 티베트 음식을 전문으로 하는 집인 모양입니다. 뚱바는 따끈한 물을 조금씩 부어 빨대를 이용해 마시는데 맛은 글쎄요, 흔들지 않은 밋밋한 맑은 막걸리 맛 같기도 합니다.

● 모모와 덴뚝, 그리고 네팔 전통주 뚱바

　실내 분위기는 우리나라 시장 같은 데 있는 선술집이라 하면 딱 맞을 것 같습니다. 가족과 외식을 하는 일행도 있었지만, 대부분 친구와 어울려 안주 두어 접시 놓고 한잔하는 팀들이었습니다. 자유롭고 편안해 술 마실 분위기는 딱 좋은 곳이었지만, 처음 마시는 술이라 조심스러워 한 잔으로 끝을 맺었습니다. 그렇지만 도수도 높지 않고 리필한 물도 양이 많지 않아 전혀 취기를 느낄 수는 없었습니다.
　그 사이 타멜 거리에는 새해맞이를 하러 나온 사람들이 더 불어나 있었습니다. 음악에 맞춰 흥겨움이 넘쳐납니다. 사람들은 새해를 맞으며 지난해보다는 더 나은 삶을 바라는 희망을 품고, 원하는 것을 성취하기 위한 각오를 다지기도 합니다.
　나도 새해에 하고 싶은 일이 있습니다. 내가 다닌 여행을 정리해 책을 한 권 출간하겠다고 다짐합니다.

● 새해맞이 행사를 준비 중인 타멜 거리

안나푸르나가 품은 도시 - 포카라

● 포카라 페와 호수

나는 지금 포카라에 있습니다.

포카라는 카트만두에서 서북쪽으로 200km 정도 떨어진 해발 900m 고원에 자리한 휴양도시입니다. 카트만두와 달리 스모그가 적고 날씨도 온화합니다. 히말라야산맥 장대한 봉우리 중 하나인 안나푸르나 트레킹을 시작하는 거점 도시로 페와 호수가 있어, 설산과 어우러진 아름다운 풍광을 같이 즐길 수 있습니다. 포카라는 네팔어로 호수라는 뜻이라고 합니다.

네팔은 산악지형이 많은 지리적 특성 때문에 열차가 운행되지 않습니다. 장거리 여행 유일한 이동 수단은 버스입니다. 물론 포카라나 룸비니처럼 카트만두와 연결되는 지방 공항이 있는 곳도 있으나 대중적이지는 못합니다. 처음 네팔에 왔을 때, 카트만두와 포카라 구간을 왕복으로 이용한 적이 있습니다. 그 당시는 20명쯤 타는 프로펠러 기종이었는데, 산맥을 넘을 때 기류 변화에 따른 기체 흔들림이 좀 무서울 정도로 심했습니다. 1시간도 채 걸리지 않은 이동 시간은 환상적이었지만, 다시 이용하지는 않았습니다. 실제 사고도 가끔 나는 구간이고, 이번에도 한국인 2명을 포함한 승객 전원이 사망하는 안타까운 추락 사고가 있었습니다.

거리가 200km라면 고속도로는 아니더라도 3시간 정도면 충분하리라 짐작하겠지만, 오전 9시에 떠난 버스가 오후 5시경 도착했으니 8시간이 걸렸습니다. 버스는 성능도 괜찮고 좌석 간격도 넓어 크게 불편하지는 않았습니다. 요금은 일반 버스에 비해 꽤 비싼 편입니다. 하지만 산악지형이라 곡선 구간이 많고 도로 사정이 워낙 나쁜 데다, 길을 넓히는 공사를 하는 구간이 태반이라 차 성능이 아무리 좋아도 속력이 붙을 만한 구간은 거의 없습니다.

재미있는 점은 카트만두와 포카라에서 각각 출발한 버스가 중간 지점에서 만나 승객을 바꿔 태우고 떠났던 곳으로 되돌아간다는 점이었습니다. 구조가 똑같은 버스라 좌석 번호도 그대로 앉으면 됩니다. 짐이 많은 승객은 옮겨 실어야 하는 불편은 있겠으나 휴게소 같은 곳에서 내렸다 다시 타는 셈이라 큰 불만은 없을 듯합니다. 다만 그렇게 운영하는 게 버스 회사에 어떤 이익이 있는지는 잘 모르겠습니다.

사실 포카라는 이번 여행에서 계획에 없던 도시입니다. 뉴델리를 떠나기 전 돌아갈 날짜를 살피다 1월 24일이 설날이라는 것을 알았습니다. 식구들이 모일 테니 그전에는 돌아가는 게 좋을 것 같았습니다. 항공편을 검색해 보니 1월 20일 떠나는 비엣젯 항공 요금이 제일 저렴했습니다. 델리에서 인천까지 20만 원이 채 안 되는 요금이었습니다. 베트남 다낭에서 환승 대기 시간이 길었지만, 기꺼이 감수할 만한 가격이라 여겨졌습니다. 직항보다 지루함도 덜할 것입니다.

애초에는 1월 말경에 돌아갈 생각으로 대충 갈 곳을 꼽고 있었는데 열흘이 줄자 아귀가 맞지 않았습니다. 그래서 리시케시와 푸쉬카르를 빼고 포카라가 들어가게 되었습니다. 포카라에 며칠 머물며 여행 기록을 정리하겠다고 마음먹었습니다.

버스가 터미널에 도착하자 택시 기사들이 에워쌉니다. 숙소 예약을 하면서 픽업 서비스를 신청했기에 A4 용지를 들고 서 있는 사람들을 살폈으나 내 이름은 보이지 않았습니다. 어떤 기사가 예약한 숙소를 묻기에, 갤럭시 인이라고 알려주자, 마침 그 집 주인이 친구라며 전화를 겁니다. 주인이 언제 도착하는지 몰라 나오지 못했다며 자기 차를 타랍니다. 어차피 주어야 할 요금이니 상관없습니다. 도착할 시간은 안 알려주었지만, 출발 시간과 버스 번호판을 사진으로 찍어 보내주었으니 터미널에 확인해 보면 될 터인데, 얼굴을 맞댄 주인은 미안하다는 말도 하지 않습니다. 그럴 거면 픽업 서비스는 아예 하지 않는 게 더 좋을 듯합니다. 인도인이나 네팔인들이 대범해서 그럴까요. 그런 정도 소소한 일에는 별로 신경 쓰는 것 같지 않습니다.

● 포카라에서 묵었던 숙소 갤럭시 인

숙소는 골목으로 들어와 있어 조용하고 머무는 사람도 별로 없는 듯합니다. 잘 가꾸었다고 말할 수는 없어도 꽤 넓은 정원에는 한련화와 제라늄이 자라고, 한쪽 밭에서는 각종 채소를 기르는데 실하게 잘 자랐습니다. 거무튀튀해 보이는 토양이 기름져 보였습니다. 담이 없는 앞집에는 여러 가구가 사는 것 같은데 드나드는 사람들은 별로 없습니다.

방은 하루에 700루피(인도 루피), 가격에 걸맞은 정도입니다. 순간온수기가 있고, 수압이 나쁘지 않고, 싱글 침대가 두 개라 여분의 모포가 있습니다. 이제 웬만한 곳은 와이파이가 기본입니다. 속도는 느려도 뉴스 정도는 문제없습니다.

창문을 잘 단속했습니다. 꼭꼭 닫아걸고 아귀가 잘 맞지 않는 문은 힘껏 밀어 빈틈을 줄입니다. 포카라는 중부나 남부 인도처럼 겨울에도 영하로 내려가는 날들이 없어 난방에 전혀 관심을 쏟지 않고 집을 짓습니다. 그런데 비록 영상이지만 6~7도 정도로 기온이 내려가면 상당히 춥게 느껴집니다. 노숙자 같은 경우에는 동사자도 나온다고 합니다.

저녁을 먹으러 나가는 길에 복도 건너편 방에서 나오는 사람들과 마주쳤습니다. 내외와 두 자녀였습니다. 네팔식으로 가볍게 두 손을 합장하고, 나마스테, 하자 뜻밖에도 우리말 인사가 돌아옵니다. 안녕하세요?

한국에서 일하다 돌아온 지 얼마 안 되었다며 가족들과 여행 중이라고 했습니다. 돈을 벌어 집도 장만하고 생활이 많이 좋아졌다며 다시 가려고 한답니다. 사랑하는 사람과 헤어져 먼 타국에서 힘든 노동을 하면서 가족을 돌보는 성실한 가장입니다.

전에도 한국에서 일을 했던 사람을 만난 적이 있었습니다. 싯다르타가 출가하기 전까지 살았던 가필라성을 가기 위해 로컬 버스에서 내린 타울리하와라는 곳에서입니다. 타울리하와는 룸비니에서 1시간 정도 걸리는 가까운 거리였는데, 가필라성까지 갈 탈것이 보이지 않았습니다. 자전거를 빌려보려고 사람들이 모여 있는 곳으로 갔는데 우리말이 들렸습니다. 한국에서 오셨어요?

안산에 있는 종이컵 만드는 공장에서 일하다 손가락을 다쳐 돌아왔다는 하말이라는 분이었습니다. 봉합 수술을 해 절단되지는 않았으나 흉터는 남아 있었습니다. 나는 하말이 모는 오토바이 뒷자리에 앉아 가필라성을 비롯한 싯다르타가 출가 전 살았던 흔적을 편하고 빠르게 둘러볼 수 있었습니다. 헤어지면서 기름값이라도 주겠다니 한사코 손을 저었습니다.

룸비니로 돌아와 주지 스님에게 하말 이야기를 했더니 다행이라고 했습니다. 악덕 기업주를 만나 월급도 못 받고, 고생 끝에 몸만 상해 돌아온 사람을 만나면 봉변을 당할 수도 있답니다. 신체적 위해를 당하지는 않더라도 방향을 가늠할 수도 없는 허허벌판에 내려놓고 혼자 가버리면 참 난감할 일입니다.

저녁을 먹고 돌아와 더운물로 샤워를 하고 자리에 누웠습니다. 창문 단속을 했지만 바람이 숭숭 들어옵니다. 옆 침대 모포까지 끌어다 덮었습니다. 그래도 한기를 막기는 부족합니다. 이불장에 모포가 더 있습니다만 한 장을 또 올리면 무게를 감당하기 어렵습니다. 무릎을 오므려 잔뜩 웅크리고 잠을 청합니다. 문득 핫팩 생각이 납니다. 따끈한 핫팩 하나만 있으면 모포 안이 훈훈해지고 행복할 것 같습니다.

사람들은 누구나 행복하게 살기를 원합니다. 그렇다면 우선 행복이 무엇인지 생각해 보아야 하겠습니다. 행복은, "생활에서 충분한 만족과 기쁨을 느끼어 흐뭇함, 또는 그러한 상태"라고 합니다(표준국어대사전). 그렇다면 행복은 중단 없이 지속 가능한 상태를 유지할 수는 없을 겁니다. 왜냐하면 충분한 만족이나 기쁨은 순간적인 감정이니까요. 쉽게 말하면 평생 행복하게만 살 수는 없다는 말입니다. 일생을 행복한 환경에서 살 수 있다면 불행이라는 말이 무슨 의미인지 알 수도 없을 테지요.

행복은 부족하고 빈 곳을 채우는 순간 얻을 수 있는 것 같습니다. 그러므로 이미 많은 것을 갖고 있는 사람들은 자주 느낄 수 없는 감정입니다. 부족한 게 많지 않을 테니까요. 따라서 자주 행복해지려면 가진 것을 버려 모자라게 하고, 꽉 찬 곳을 비워 공간을 만들어야 합니다. 버리고 비우는 것이 물질일 수도, 무지나 탐욕일 수도 있겠지요. 행여 더 많은 사랑에 목말라 남편이나 아내를 버리지는 말기 바랍니다.

우리가 살면서 만족과 기쁨을 느끼는 순간은 무엇인가 원하던 것을 얻거나 이루었을 때입니다. 따라서 행복 자체가 욕망의 주체가 될 수는 없습니다. 왜냐하면 행복은 오감으로 체감하거나 계량화할 수 없는 추상적인 개념이기 때문입니다. 천금을 주고 살 수도, 첨단 공법으로 만들 수도 없습니다. 오직 마음으로만 느낄 수 있는 게 행복입니다.

예수는 "마음이 가난한 사람은 행복하다. 하늘나라가 그들의 것이다."고 했습니다(마태복음 5장 3절). 그런데 어떤 상태를 '가난한 마음'이라 할 수 있을까요? 나름대로 이것저것 떠올려 보지만 성경에 대한 깊이 있는 공부가 없는 나로서는 헤아리기 어렵습니다. 다만 "하늘나라가 그들의 것이다."는 말에서 유추할 수는 있을 것 같습니다.

예수는 같은 복음 18장 3절에서, "너희가 생각을 바꾸어 어린이와 같이 되지 않으면 하늘나라에 들어가지 못할 것이다."고 했습니다. 이렇게 하늘나라를 고리로, '마음이 어린이 같은 사람은 행복하다. 하늘나라가 그들의 것이다.'로 바꾼다면 훨씬 이해가 쉬울 듯싶습니다. '가난한 마음'이란 부족하고 초라한 것이 아니라, 순수하고 천진난만하며, 욕심이 없어 작은 것에 만족하고, 부모에게 순종하는 마음이라 생각할 수 있을 테니까요. 하늘나라가 반드시 죽은 다음에 가는 내세를 의미한다고 고집할 필요도 없을 듯싶습니다. 어린이 마음으로 사는 평화롭고 행복한 세상이 하늘나라와 다를 게 있겠습니까!

그런데 사람은 꼭 행복하게만 살아야 하는 걸까요? 행복한 삶은 가치 있는 것이라고 등식으로 연결하면 정답이 될까요? 행복하게 사는 게 삶의 목표일 수가 있을까요? 어쩌면 인간은 애초부터 행복하게 살 수 없는 존재인지도 모릅니다.

불교에서는, 변하지 않는 존재는 없고(제행무상(諸行無常)), 실체가 있는 사물도 없기에(제법무아(諸法無我)), 모든 것은 괴롭다(일체개고(一切皆苦))고 합니다. 행복이라는 감정도 허상일 뿐입니다. 붓다 가르침을 마음으로 깨닫는 것은 어렵지만, 머리로 이해하기에는 무리가 없습니다.

창세기에서 선악과를 먹은 아담에게 하느님은 이렇게 말씀하셨습니다.

"너는 흙에서 난 몸이니 흙으로 돌아가기까지 이마에 땀을 흘려야 낟알을 얻어먹으리라. 너는 먼지이니 먼지로 돌아가리라."(창세기 4장 19절)

인간은 힘든 삶 끝에 죽어야만 하는 존재입니다. 하지만 사람들 대부분은 그런 문제에 거의 무관심합니다. 힘들지만 살아야 하고, 언젠가는 죽음을 맞는다는 것을 정해진 운명으로 순순히 받아들이기 때문입니다. 고민한다고 달라질 것도 없고, 거스를 방법도 없는데 머리 싸맬 까닭이 없습니다. 마음 편히 사는 지혜처럼 보이기도 합니다.

나 역시 그렇습니다. 그렇지만 행복하지 않아도 괜찮으나 존재할 이유는 있어야 할 것 같습니다. 막역한 친구에게, 왜 사느냐고 물어본 적이 있습니다. 친구는 망설이지 않고, 할 일이 있어, 대답했습니다.

그렇습니다. 마무리해야 할 일이 있다면 살 이유로 충분합니다. 다만 여든에 가까워진 나이에 아직 할 일이 남았다면, 허투루 시간을 허비하지 말아야 할 것입니다. 아껴 써도 모자랄 시간입니다.

나는 친구처럼 그렇게 확신에 찬 어조로 할 일이 있다고 말할 수는 없습니다. 다만 행복하지는 않더라도 누군가에게 필요한 사람이 었으면 좋겠습니다. 그래야 살아야 할 명분이 있을 것 같습니다. 변명 같은 명분이라도 있어야 조금 당당할 수 있지 않겠습니까!

어쨌든 이튿날 아침, 행복을 구하러 나갔습니다. 포카라를 찾는 외국 여행자들은 대부분 안나푸르나 트레킹을 하러 오는 사람들입니다. 따라서 등산용품을 판매하거나 빌려주는 상점들이 많이 있습니다. 그런데 핫팩이 있는 곳을 찾기 위해 예닐곱 군데 가게를 들락거려야 했습니다. 결국 찾아낸 핫팩, 그것도 한국에서 온 물건! 오래 처박혀 있는 재고품 같아 약간 미덥지 않아 우선 한 개를 샀습니다. 온라인 쇼핑몰 가격 두 배를 주었으나 하룻밤 행복을 사는 값으로는 아깝지 않았습니다. 따스하게 잘 수 있다면 내일 또 사러 오게 재고가 몇 개인지 확인도 해두었습니다.

● 매일 저녁 페와 호숫가에서 열리는 뿌자. 바라나시보다 규모도 작고 단출하지만 경건한 느낌은 더 있다. 마치 대도시와 시골 교회 차이처럼.

그러나 역시 행복은 쉽게 얻어지는 게 아닌 모양입니다. 그날 밤, 아무리 흔들고 비벼도 핫팩은 반응하지 않았습니다. 유효 기간이 지난 제품인 듯싶었습니다. 그게 가야 할 곳은 쓰레기통입니다. 돈을 쓰레기통에 버리는 기분은 참 씁쓸합니다.

불량품을 가지고 오늘 밤에는 따스하게 잠을 잘 수 있고 행복할 거라고 기대했다는 게 허무했습니다. 역시 나는 보이는 것만 바라보며 본질을 알아채지 못하는 어리석은 중생일 뿐입니다. 포카라의 두 번째 밤이 이런저런 생각으로 더디게 깊어갑니다.

※ 성경 구절은 공동 번역 개정판 《성서》(대한성서공회, 2002)에서 인용하였습니다.

붓다 탄생지 - 룸비니

　세상에서 가장 위대한 존재는 누구일까요? 갑자기 이런 질문을 던지면 막막해지지요? 얼핏 생각나는 사람이 없습니다. 그러면 범위를 좁혀보겠습니다. 이 세상에서 가장 위대한 여성은 누구일까요? 아마도 눈치 빠른 분들은 짐작하셨을 겁니다. 그렇습니다. 어머니입니다!

　ChatGPT에 인류 역사상 가장 위대한 인물 10명을 물어보았습니다. 예수 그리스도, 마하트마 간디, 마틴 루터 킹, 알베르트 아인슈타인, 체 게바라, 율리우스 시저, 나폴레옹 보나파르트, 살라흐 앗딘, 무하마드 알리가 뽑혔습니다. 우리가 세계 3대 성인이라고 배운 인물 중에서 석가모니와 공자가 빠지고 여성이 한 명도 없다는 게 좀 아쉽습니다. ChatGPT를 개발하고 교육시킨 사람들이 서양인들이라 그런 모양입니다. 그러나 서운할 게 없는 것이 이 위대하신 분들을 낳은 것은 전부 여성입니다.

● 룸비니에 있는 마야데비 사원. 마야 부인이 고타마 싯다르타를 출산했다는 곳에 세운 사원이다.

불현듯 이런 생각이 떠오른 것은 지금 있는 곳이 마야데비 사원이 있는 룸비니기 때문일 겁니다. 이 사원은 마야 부인이 출산을 위해 고향으로 향하던 중 갑자기 산기를 느끼고 고타마 싯다르타(붓다 속세 이름)를 낳았다고 알려진, 바로 그 자리에 세운 사원입니다.

싯다르타는 태어나자마자 사방으로 일곱 걸음을 걸어가, 오른손을 하늘에, 왼손은 땅을 가르친 채, "천상천하 유아독존 삼계개고

아당안지(天上天下 唯我獨尊 三界皆苦 我當安之)"라고 외쳤다고 합니다. 그 뜻은 '하늘 위와 하늘 아래 오직 나 홀로 존귀하다. 온 세상이 모두 고통스러우니 내가 마땅히 이를 평안케 하리라.'는 뜻인데 자만과 아집의 의미로 받아들여서는 안 된다고 합니다. '나'는 싯다르타가 아닌 인간 개개인을 뜻하며 '우리 모두는 저마다 유일무이한 존엄함을 가지고 태어났지만, 이 세상은 괴로움으로 가득하니, 스스로 존엄함을 찾아 세상을 구원해야 한다.'는 것이 참뜻이라고 합니다.

재미 삼아 ChatGPT에 인류 역사상 가장 위대한 여성 열 분을 다시 물었습니다. 마리 케리, 코코 샤넬, 클레오파트라, 엘리자베스 1세 등 열 분을 뽑았는데, 유감스럽게도 성모 마리아나 마야 부인처럼 위대한 인물을 낳았다는 이유로 선정된 분은 한 분도 없습니다. 역시 공정한 평가로 인정을 받으려면 스스로 업적을 남겨야 하는 모양입니다. 그래도 나는 위대한 분들을 낳아주신 어머니들에게 늘 감사한 마음을 갖고 있습니다.

중국 산둥성 쩌우청에 있는 맹림이란 곳은 맹자 후손들 무덤이 있는 곳입니다. 그곳에는 아들 교육을 위해 세 번 이사했다는 맹자 어머니 무덤이 있습니다. 나는 그 앞에서 큰절을 올리며 위대한 스승을 낳아주셔서 고맙습니다, 인사를 드린 적이 있습니다.

어디에 안장되었는지 알기만 하면 꼭 찾아가 인사를 드리고 싶은 어머니가 한 분 계십니다. 안중근 의사 어머니 조마리아 여사입니다. 어머니는 1927년 7월 15일, 중국 상해에서 예순여섯을 일기로 별세하였습니다. 장례는 프랑스조계 천주교당에서 상해 교민장으로 치뤘고, 유해는 만국공원 월남묘지에 안장되었습니다. 그러나 도시 개발로 건물들이 들어서면서 묘지터를 찾을 수가 없게 되었습니다. 아들 안중근 의사 묘지도 발굴하지 못하고 있으니 참으로 안타까운 일입니다.

조마리아 여사가 일심에서 사형 선고를 받은 아들에게 보낸 서한을 보면 가슴이 먹먹해집니다. 세상에서 가장 큰 불효가 부모보다 앞선 길을 가는 거라고 합니다. 조마리아 여사는 의복을 지어 보내며 아들에게, 삶을 구걸하지 말고 당당하게 죽으라고 의연하게 말합니다. 그런 서한을 쓸 때 마음이 어땠을까요?

나이를 먹으니까 가끔 조문 갈 일도 생깁니다. 가장 어려운 문상 길은 자식을 앞세운 친구를 조문하는 일입니다. 위로할 말이 뭐 있겠습니까? 끌어안고 등 토닥이며 같이 우는 거지요.

조마리아 여사는 큰아들을 보내고도 러시아와 상해에서 나라 독립을 위해 헌신적인 삶을 보냈습니다.

사람들은 누구에게나 어머니가 있습니다. 모든 어머니가 위대한 자식을 거느리지는 못했을지라도, 어머니 없는 자식은 없습니다. 어머니들 대부분은 지극한 정성과 사랑으로 자식을 보살핍니다. 어떤 자식이라도 눈에 넣어도 아프지 않은 게 어머니 마음입니다.

그렇지만 어린 자식을 학대하여 죽음에 이르게 하는 어머니도, 어릴 적에 집을 나가 한번 돌보지도 않았으면서도 사고로 먼저 간 자식 보상금이나 유산을 차지하는 파렴치한 어머니도 있습니다. 사랑으로 잘 보살필 자신 없으면 낳지를 말든가, 버리고 떠났으면 속죄

하는 마음으로 근신하며 살아야지, 너무 뻔뻔한 모습에 화가 치밀어 오릅니다. 하지만 그런 어머니들을 보면서 교훈을 얻기도 합니다. 우리는 다행히 못된 어머니를 만나지 않아 아직 살아 있고, 나를 떠나지 않고 같이 살고 있는 어머니가 있다는 것만으로도 정말 다행이고 감사해야 할 일이라는 생각이 들기 때문입니다.

 룸비니는 붓다 탄생지인 까닭에 사원 구역을 만들고 여러 나라에서 절을 지었습니다. 독일 절은 재가 불자 중심으로 건립하였는데 룸비니에서 가장 아름다운 사찰로 알려져 찾는 사람들 발길이 이어지고 있습니다. 스리랑카 절에는 붓다가 깨달음을 얻기 위해 삼매에 들었던 장소, 바로 그 나무 손자뻘 되는 보리수가 자라고 있답니다.

● 룸비니 사원 구역에 건립 중인 대성 석가사. 웅장한 대웅전인데 아직 내부 공사가 끝나지 않았다.

한국 절 대성 석가사는 아직 공사 중입니다. 주지 스님은 건강이 좀 불편해 한국에 계신다고 합니다. 불사 진척이 그리 순조롭지 않은 느낌입니다. 코로나로 인한 제약이 풀렸다고는 하지만 아직은 찾는 사람들도 별로 없어 텅 빈 요사채가 썰렁합니다.

대성 석가사 주지 스님은 안면을 익힌 사이입니다. 키가 좀 작고 아주 바지런한 분입니다. 지난번 왔을 때는 침대 하나도 남아 있지 않다는 접수처 직원 말에 낙담하고 있던 차에 스님을 만났습니다. 스님은 당신이 쓰는 방이라며 2층에 있는 작은방을 선뜻 내주었습니다. 스님은 잘 지내라는 말 뒤에, 이 방에 꽤 귀한 물건들이 여럿 있다고 덧붙였습니다.

나는 귀한 물건이 있는 방을 잠그지도 않고 다니고, 큰 인연도 없는 사람에게 며칠 묵을 수 있도록 내어주며 왜 그런 말을 했을까 곰곰이 삭여보았습니다.

다음 날, 아침 공양이 끝난 뒤 스님은 내게 어제 그런 말을 해 미안하다고 했습니다. 마음에 좀 걸렸던 모양입니다. 그래서 나는, 물질에 대한 욕심을 버리고, 소유와 집착에서 벗어나 자유로워지라는 교훈으로 새겼다고 했습니다.

실제 그런 뜻이었는지는 모르겠지만 여행하면서 가진 것을 잘 간수하는 것은 큰 부담이긴 합니다. 특히 인도에서 기차로 장거리 이동을 할 때는 배낭은 꼭 고정된 의자 다리 같은 곳에 묶어두라고 합니다. 나는 묶어본 적은 없지만 잠을 잘 때에는 배낭을 베개로 이용하고, 화장실을 갈 때는 옆 사람들에게 부탁하고 갑니다. 항상 조심하는 거지요. 적은 돈만 꺼내기 편한 주머니에 넣고, 여권이나 카드, 현금은 바지 안쪽에 만든 주머니에 넣어둡니다.

사실 잘 간수해야 하는 것은 물질뿐만이 아닙니다. 좀 늦은 시간에 바라나시 가트 주변 으슥한 골목을 걸으면 갑자기 우리말로, "마약 할래." 하는 소리에 깜짝 놀랄 때가 있습니다. 동양인 중에서 용케 한국인을 알아보고 접근하는 것은, '마약을 하러' 그들을 따라가는 한국인들이 제법 있다는 의미이기도 할 겁니다.

사막 투어로 유명한 자이살메르에 가면 방이라는 마약 가게로 유인하는 사람들이 있습니다. 방은 마약 성분이 있는 식물을 먹기 쉽게 가공한 것을 말합니다. 한순간 호기심으로, 들킬 일이 없을 것 같은 안일한 생각이, 젊은 사람들 일생에 돌이킬 수 없는 상처를 남길 수도 있습니다. 금전보다 훨씬 더 귀중한 정신과 신체를 해칠 수 있으니 부디 자중하길 바랍니다.

그런데 요즘 룸비니는 해를 볼 수 없는 날이 많아졌다고 합니다. 하루 종일 안개인지 스모그인지 뿌연 하늘만 보입니다. 혼자 생각에 사원 구역을 양쪽으로 갈라 가운데에 운하 같은 수로를 만들어 물을 채우고 배를 타고 오갈 수 있도록 만들었는데, 그 때문은 아닌지 생각도 듭니다. 전에는 그저 물이 지적지적한 개울이었는데 반듯하게 정비를 하니 단정하고 깔끔한 모습이지만, 유원지 같은 느낌도 들어 썩 좋게 보이지는 않습니다. 그뿐만이 아닙니다. 여기저기 공사 중이라 걸어 다니기에 불편함이 많습니다.

룸비니는 밤에는 여우 같은 야생 동물들이 나와 요사채에 머무는 사람들에게 외출을 금하고 있습니다. 전깃불도 흐릿하고 저녁 예불과 공양을 마치면 할 일이 없습니다. 다행히 한국인 여행자가 세 명 있어 말동무가 됩니다. 한 쌍은 부부, 그리고 젊은 크리에이터입니다. 이 부부 여행 방법이 특이합니다. 한곳에 여유롭게 머물면서 도보로 이곳저곳, 주로 골목길을 다니면서 숨은 재미를 찾는다고 합니다. 드물게, 작지만 맛깔난 로컬 음식점을 발견하기도 한답니다.

여기저기 돌아다녀 보았기에 말참견을 하며 어울릴 수 있습니다. 어쩌면, 나도 거기에 가봤어, 하기 위해 여행을 하는 것 같기도 합니다. 어쨌든 서로 부담 없는 사람들이 만나 겪은 일들을 공유하며 시간을 보낼 수 있는 것도 큰 즐거움입니다. 하지만 회자정리(會者定離)라, 내일이면 또 헤어질 사람들입니다. 안전하게 좋은 여행이 되기를 서로 빌어줍니다.

● 사원 구역 가운데 건천을 정비해 수로를 만들었다. 미관은 좋아졌지만 유원지 같은 느낌도 들고, 혹 안개 끼는 날이 많아진 요인인지도 모르겠다.

나는 무엇인가(What am I)?

● 네팔과 인도 국경. 이곳 사람들은 제약 없이 자유롭게 오가는 것처럼 보인다.

소나울리 네팔 출입국 관리소에서 출국 수속을 하고 다시 인도로 들어갑니다. 단체 여행객들이 앞에 있어 시간이 꽤 걸렸습니다. 성지 순례에 오른 태국 불자들입니다. 쉬라바스티로 간다고 합니다. 오늘 내가 가려는 곳이기도 합니다. 관광버스에 묻어갈 수만 있다면 참 편하겠다는 생각이 들었습니다. 수속을 기다리며 잠시 말을 나눈 가이드에게 부탁해 보고 싶은 유혹을 참았습니다.

예전에 중국 쿤밍 내고석림에서 대중교통이 끊어져 곤란한 처지에 빠진 적이 있었습니다. 마침 한국인 단체 여행객을 태우고 떠나려는 관광버스가 있었습니다. 가이드에게 사정을 말하고 대석림 입구까지만 데려다줄 수 있는지 물었습니다. 하지만 가이드는 한마디로 거절했습니다. 당시에는 야속한 생각까지 들었는데 후에 그럴 수밖에 없는 까닭을 알았습니다. 만약 사고라도 나면 보험 문제 등 복잡한 일이 생길 수 있어 원칙적으로 금하고 있답니다.

그런데 지금도 그 당시를 생각하면 야속했던 마음이 다시 살아납니다. 그렇게 차갑게 거절했어야 할까요? 바쁘더라도 간략하게 이유를 말하고, 미안하다는 말 한마디 덧붙였다면 얼마나 좋았을까요? 어려운 사람에게 도움을 주고 싶은 마음이 드는 것은 인지상정일 텐데요.

히치하이킹하면 기억에 남는 일이 있습니다. 아내와 같이 한라산을 어리목에서 올라 영실로 내려온 적이 있습니다. 차를 어리목 주차장에 세웠으니, 윗세오름에서 되돌아 내려와야 했지만, 반대편 길로 가고 싶은 유혹을 이기지 못했습니다. 그리고 어리목 능선길과는 달리 깊은 계곡을 돌아내려 오는 정취는 아주 그만이었습니다.

해는 뉘엿뉘엿 넘어가고 어둠이 깔리기 시작하는데 예상은 했지만, 우버도 카카오 택시도 없던 시절이라 차가 있는 어리목 주차장까지 가는 방법이 수월하지 않았습니다. 택시도 보이지 않아 우선 큰길까지 나가기로 했습니다. 부지런히 걷고 있는데 지나친 차가 멈추고 우리가 다가오기를 기다려 어디로 가는지 물었습니다. 짤막하게 사정을 말하자 타라며 뒷좌석을 가리켰습니다. 아이 둘이 간격을 좁혀 자리를 만들어 주었습니다. 네 식구가 저녁을 먹으러 가는 길이었답니다. 고맙게도 큰길에서 한참 들어가 있는 주차장까지 우리를 데려다주었습니다.

나는 고맙다는 인사에 앞서, 다시 만날 수도 없을 것이고 신세를 갚을 길이 따로 없으니, 길을 가다 어려운 사람을 만나면 집까지 데려다주며 오늘 이 고마움을 대신하겠다고 말했습니다. 그리고 2년간 강원도 산골에 기거하면서 장날 찬거리라도 마련해 돌아오는 길에 이웃 마을에 사는 노인분들을 여러 번 집 앞까지 모셔드렸습니다. 타 주시는 봉지 커피와 고맙다는 인사를 받으면 제주도에서 있었던 일을 이야기하고, 내가 이렇게 하도록 가르친 것은 그분들이기에 고맙다는 인사도 당연히 그분들에게 돌려드려야 한다고 말하곤 했습니다.

인도에서도 히치하이킹을 한 적이 딱 한 번 있습니다. 쉬라바스티에서 야간열차를 타기 위해 곤다로 가는 길이었습니다. 우선 발람푸르로 가기 위해 템포를 기다리는데 표시를 달고 다니는 게 아닌 데다 밤길이라 일반 차와 구별이 잘되지 않았습니다. 비슷한 차가 지나가면 손을 흔들 수밖에 없습니다.

한참이 지난 후에 차가 앞에 멎었는데 뗌포가 아니라 개인차였습니다. 차창이 열리고 어디로 가느냐고 운전자가 물었습니다. 중년 여성이었습니다. 발람푸르로 간다니 타라며 앞자리를 가리켰습니다. 뒤에는 나이가 좀 든 남자가 있었습니다. 운전자는 우리나라 농업진흥청 같은 국가 기관에서 일하는 공직에 있는 사람이었습니다. 농사 지도를 하고 집으로 가는 길이랍니다. 뒤에 있는 분이 아버지랍니다.

말을 나누는 동안 요란한 경적을 울리며 뒤차가 앞서 나가자 여자가 혼잣소리를 했습니다.

"인도에서 밤에 운전하는 건 너무 싫어!"

나는 그렇다고 맞장구를 쳤습니다.

"내가 운전을 시작한 지 40년 가까이 되었고 아직 사고를 낸 적도 없지만 인도에서는 못 할 것 같습니다."

아직 그런 생각이 변하지 않았습니다. 꽤 긴 세월 동안 무사고로 잘 다녔지만, 인도에서 운전할 자신은 없습니다. 그녀가 맞는 말이라며 인도에서는 절대 운전하지 말라고 합니다. 친절하게 버스 스탠드까지 데려다준 그녀는 지금도 밤 운전을 잘하고 있는지 궁금합니다. 차비를 줄까 물었더니 아니라며 손을 저었습니다.

네팔과 인도 국경을 걸어서 넘었습니다. 딱히 표시한 것은 없지만 시멘트 구조물이 국경 느낌을 줍니다. 육로를 통해 걸어서 국경을 넘는 경우는 그리 흔치 않습니다. 내 경우에는 베트남 북부 라오까이에서 중국으로 들어가기 위해 다리를 건넌 것과, 나이아가라 폭포 미국 쪽에서 캐나다로 가기 위해 레인보우 다리를 지난 게 전부인 듯싶습니다. 그 외에는 버스 같은 교통편을 이용해 국경을 넘거나(물론 차에서 내려 출입국 수속을 받고 다시 탑승해야 하지만), 캄보디아 프놈펜에서 베트남 쩌우독까지 모터보트를, 다리가 생기기 전 태국 치앙콩과 라오스 훼이싸이 국경을 노를 젓는 쪽배를 타고 건너기도 했습니다.

걸어서 국경을 넘는 것은 약간 흥분되고, 또 긴장될 것 같다는 생각이 있었습니다. 집총을 한 군인들이 부동자세로 경비를 서고, 통제된 분위기가 위압적일 것 같았습니다. 그런데 소나울리는 전혀 달랐습니다. 네팔 출입국 관리소에서 출국 신고를 하고 국경을 넘어 다시 입국 신고를 해야 하는 절차를 거쳐야 하지만, 사람들 왕래가 자유롭고 제약이 없었습니다. 인파라고 할 수 있을 정도로 국경을 넘나드는 사람도 많았습니다. 총을 든 군인은 아예 보이지도 않았습니다. 국경 근처에 살거나 장사를 하는 양국 사람들은 그냥 편하게 오가는 것처럼 보였습니다. 두 나라가 서로 적대적 관계가 아니어서 그렇겠지만요.

소나울리 국경을 걸을 때는 생각나는 곳이 있습니다. 판문점입니다. 내가 국경은 삼엄한 분위기일 거라 생각하는 것도 판문점 현실을 보고 자란 때문일 수도 있겠습니다. 텔레비전을 통해 보는 판문점은 양쪽에 회의장이 있고, 좀 넓은 통로 가운데를 동서로 가른 조금 높게 만든 시멘트 구조물이 남과 북 경계가 됩니다. 자유롭게 오갈 수 있으면 가장 좋겠지만, 출입국 절차를 거쳐서라도 서로 원하는 남북 지역 어디든 오갈 수 있으면 얼마나 좋을까요. 한때는 그런 희망을 보았지만, 지금은 어림없는 바람일 것 같습니다.

　소나울리에서 대중교통을 이용해 쉬라바스티로 가려면 우선 버스를 타고 고락푸르로 가야 합니다. 거기서 기차로 곤다까지 간 다음, 버스나 템포로 발람푸르, 다시 템포를 갈아타야 쉬라바스티에 있는 한국 절 입구에 내릴 수 있습니다. 바꿔 타는 차편을 많이 기다리지 않는다면 저녁 8시경에는 도착합니다. 룸비니에서 떠난 시간이 아침 7시쯤이니 13~14시간 걸리는 셈입니다. 인도 땅 넓이를 생각한다면 그리 먼 거리는 아닙니다.

　쉬라바스티를 처음 간 것은 불교 성지 순례 기행문을 기고할 때였습니다. 그때에는 쿠시나가르에서 고락푸르로 나와 곤다로 갔으니 오늘보다는 조금 수월한 편이었지만 도착한 시간은 저녁 8시 경이었습니다. 저녁 공양이 끝난 시간이라 기대하지 않았는데 한국 라면을 끓여 허기를 면할 수 있게 해주었습니다. 아마 오늘도 그 시간에 가면 라면을 먹을 수 있을 것으로 기대합니다.

● 천축선원 명상센터. 수백 명을 수용할 수 있는 법당과 숙소가 있다.

천축선원은 수백 명을 수용할 수 있는 명상센터와 별도로 한국인 순례자들을 위한 작은 요사채가 안쪽에 있어 지내기에 불편함이 없습니다. 기본적으로 제약이 있는 절 음식이라 소박하고 공양주가 현지인이라 메뉴는 국적이 불분명한 퓨전입니다. 그리 맛있다고 할 수는 없지만 사 먹을 곳도 변변치 않은 곳이라, 끼니 걱정을 하지 않는 것만도 고마운 일입니다. 한국에서 보낸 고춧가루로 담근 김치와 마당에서 기른 싱싱한 야채를 먹을 수 있어, 인도 음식에 익숙하지 않은 사람들에게는 큰 도움이 됩니다. 게다 비록 공용이지만 여유 있는 화장실과 더운물이 나오는 샤워실이 있어 지내는 데 불편함이 없습니다. 다실에서는 와이파이 연결이 가능합니다.

천축선원은 지역 사회를 위한 역할도 하고 있습니다. 의료 활동, 주거 환경 개선, 그리고 근래에는 초등학교 운영까지 합니다. 정식으로 허가받은 교육 기관이라고 합니다. 그래서인지 주지 스님은 지역민들에게 신망이 높은 것 같습니다. 스님과 함께 점심 공양 후 포행 삼아 동네 한 바퀴를 걸었는데 무릎을 꿇고 발에 입을 맞추는 사람도 있었습니다.

풀숲을 걸을 때는 지팡이를 하나씩 들고 다닙니다. 드물게 고개를 곤추세우고 가는 혀를 날름거리는 코브라를 만날 수도 있다고 합니다. 나는 아직 들판에서 코브라를 본 적은 없습니다만, 룸비니 중국절 옆에서 1m는 넘을 것 같은 시커먼 뱀에게 호되게 놀란 적은 있습니다.

● 온돌방으로 되어 있는 한국인 순례자들을 위한 요사체

    쉬라바스티는 불교 경전에서 금강경이 차지하는 비중이 상당한 것처럼 불교 성지 여덟 군데 중 하나로 꼽히는 곳입니다. 금강경을 설한 기원정사 터가 있고 중요한 유적들이 그리 멀지 않은 곳에 분포되어 있습니다. 그러나 여행자들에게 어필할 만한 요인이 별로 없고 교통이 불편한 곳이라 불자들 외에는 잘 찾아오지 않습니다. 불교 유적들도 하루면 충분히 둘러볼 수 있어 오래 머물 일도 없습니다.
    그러나 나는 여행 끝머리에 찾아와 남은 날짜 동안 여유 있게 머물며 절 곳간을 축냅니다. 할 일이 별로 없으니 차 공양 시간이 길어집니다. 나는 주로 듣는 편입니다. 선승의 깊이를 따라갈 수는 없으나, 나이도 비슷한 연배라 살아온 세월 시대적 아픔도 공유하며, 공감하고 이해하는 폭은 넓은 편인 것 같습니다.

● 붓다가 금강경을 설했다는 기원정사 터

　세속적인 이야기도 나눕니다. 아무 연고도 없던 곳에서 불사를 시작해 고생한 이야기며, 어려운 시기에 도움을 준 분들에게 고마움도 전하고, 코로나 때문에 어쩔 수 없이 사람을 줄일 수밖에 없었다는 아픈 이야기도 합니다. 나는 가끔 틈을 보아 여행하면서 문화나 관습 차이로 이해가 안 되는 것들을 묻기도 합니다. 대개는 궁금증을 풀며 고개를 끄덕이게 됩니다. 수십 년을 살고, 현지인들과 같은 언어로 이야기할 수 있는 사람의 내공이겠지요.

　다른 무엇보다 나는 이곳에서 화두 하나를 얻었습니다. 절 후문으로 나가면 전봇대 옆에 작은 입간판이 있었습니다(지금은 없어졌더군요). 거기에는 영어로 "Who am I?"라고 쓰여 있었습니다. 절 정문 옆 담에도 있는데, 사진에서 볼 수 있는 것처럼 조금 사족이 붙었습니다.

'나는 누구인가?'

나는 누구일까요? 성이 이 씨라면, 이○○ 씨의 아들 또는 딸, 이△△의 애비, ㅁㅁㅁ의 남편 또는 부인이라면 물음에 대한 대답이 될까요?

사람들은, 당신은 누구입니까? 라는 질문을 받는다면 대부분 직업으로 나를 설명하려 할 것 같습니다. 예를 든다면, 나는 교수입니다, 나는 예술가입니다, 나는 노동자입니다. 나는 사업가입니다 등등. 현관 벨이 울려, 누구세요, 물으면 우편배달부입니다, 택뱁니다, 아파트 경비원입니다, 등 자신의 직업으로 누구인지를 말하게 되는 것도 같은 맥락입니다. 하지만 직업은 인간 본질을 묻는 질문의 답으로는 적당하지 않습니다.

● 천축선원 입구 옆 벽면. Who am I?를 What am I?로 바꾸겠다고 한다.

그런데 문제가 생겼습니다. 이것도 해결하지 못하고 있는데 이번 여행길에 만났더니 '누구(Who)'를 '무엇(What)'으로 바꾸겠다고 합니다. '나는 누구인가?'에서 '나는 무엇인가?'가 되는 겁니다. 그런데 찬찬히 생각하니 인간 본질에 천착하는 물음이라면 '누구'보다는 '무엇'이 훨씬 적절할 것 같습니다. 당신은 무엇입니까, 물음에 직업으로 대답할 사람은 많지 않을 듯싶습니다.

나는 죽으면 썩어 없어질 물질이니 무(無)다! 불가에서는 인간 누구에게도 불성이 있어 깨달음의 가능성이 열려 있는 존재라고 하였으니 나는 불성이다! 당신 모상에 따라 인간을 창조하였다니 나는 하느님 자식이다!

여러분들은 자신이 누구이며 무엇이라고 생각하십니까? 철학이라는 게 뭐 특별하고 요란스러울 게 있겠습니까? 존재에 대한 근원적인 질문을 던지고 나름대로 해답을 찾아보는 사람 누구나 철학자가 될 수 있습니다. 가끔 철학자 흉내라도 내며 살아가는 것도 삭막한 세상살이에 작은 재미를 주는 일이기도 합니다. 그럴듯한 장소를 찾으신다면 기원정사 터 아난다 보리수 아래에서 잠시 명상에 잠겨보는 것도 괜찮을 듯싶습니다.

기적을 만드는 사람들

 확실히 기상이변입니다. 지구 온난화에 따른 이상 기후를 여기저기서 실제 목격하게 됩니다. 룸비니에서 해를 보기 힘들어졌듯, 이곳 쉬라바스티도 마찬가지입니다. 밤에는 안개비가 내리고 오전 내내 짙은 안개로 시야가 답답합니다. 내가 있는 동안 매일 그랬습니다.
 오늘은 차 공양을 마치고 빨래하겠다고 일어나니 스님이 세탁기를 이용하라고 합니다. 습기가 많은 날이 이어져 말릴 일이 걱정이었는데 탈수를 해 따끈한 방바닥에 널면 될 것 같습니다. 스님은 밤이면 기온이 내려가 쌀쌀하다며 온돌방으로 만든 요사채 방 하나를 내어주었습니다. 휘뚜루마뚜루 절 일을 돕는 현지인 거사가 저녁마다 군불을 지펴주어 핫팩 생각은 아예 없습니다. 화장실도 딸린 방이라 훨씬 편리합니다.

명상센터에는 인도인 순례자들이 묵었습니다. 지금은 떠날 채비를 하고 있습니다. 버스를 세어보니 열한 대였습니다. 400명이 넘는 사람들이 모여 먹고 자고 하는 일은 참 대단한 행사입니다. 특히 인도는 그런 것 같습니다. 가스버너를 포함한 각종 요리 도구와 그릇, 식료품 등을 실은 컨테이너가 몇 대씩 동원되고, 조리사를 포함한 지원 인력들도 만만치 않습니다.

개인으로 여행을 하는 사람들을 보아도 짐들이 엄청 많습니다. 열차를 기다리게 되면 대기실에 누워 잠을 자야 하는데 깔고 덮을 것, 며칠 동안 먹을 것들을 갖고 다닙니다. 먹을 것은 주로 차파티와 커리입니다. 신문지에 꼭꼭 싼 것을 여태 무엇을 한 지도 모르는 손으로 집어 커리를 찍어 먹습니다.

깔끔한 사람들은 질겁을 하겠지만 의외로 먹을 만합니다. 깔끔 떨만큼 여유 있는 사람이면 아마도 한적하고 깨끗한 대기실에서 조금 편히 기다릴 겁니다. 열차표 등급에 따라 대기실도 다르거든요. 어쨌든 현지 여행자들이 싸 온 집에서 만든 음식을 몇 번 먹어보았습니다. 음식점에서 먹는 차파티와는 맛이 좀 다릅니다. 투박하고 거칠다고 할까요? 그렇지만 가공되지 않은 손맛이 살아 있다는 생각이 듭니다. 인도에서는 모르는 사람이 주는 음료수를 마시거나 음식을 먹지 말라고 하는데 별일은 없었습니다.

천축선원 매니저가 나를 찾습니다. 기원정사 터를 비롯한 유적들을 둘러보기 위해 뚝뚝을 한 대 부탁했습니다. 한 곳 둘러보는 동안 기다렸다 다른 곳으로 이동하는 대절입니다. 요금은 350루피(6,000원 정도), 팁으로 50루피는 더 줄 생각입니다. 별것 아닌 돈으로 보이지만 누군가는 하루 일당이라 생각할 겁니다. 아무나 뚝뚝을 사기만 하면 영업을 할 수 있어 경쟁이 심해졌답니다. 인구는 많고 적절한 일자리가 어려운 모양입니다. 하지만 많은 인구가 바로 경쟁력이 되는 세상이 되었습니다.

한때, 아들딸 구별 말고 둘만 낳아 잘 기르자는 인구 억제 정책을 펼쳤던 우리나라가 이제는 거꾸로 되었습니다. 인구 감소는 세계적 추세라곤 하지만 최저 출산율 국가라는 달갑지 않은 1등을 기록했습니다. 죽는 사람보다 태어나는 생명이 더 적으니 언젠가는 소멸할 위험에 처한 국가가 되었습니다. 당연하지요, 국민이 없는데 국가가 존립할 수 있겠습니까! 위기를 느낀 정부는 결혼과 출산을 장려하는 정책을 펼치고 있지만 아직 별 효과는 없는 듯합니다. 문제는 그런 정책을 실현하려면 막대한 재원이 필요하다는 점입니다.

터키 카파도키아 호스텔에서 40대 중반 여행자와 이틀을 같이 지낸 적이 있습니다. 반도체 회사에 다니는데 중국과 일본에서 근무하기도 했답니다. 결혼하지 않았다니 당연히 아이도 없습니다. 휴가를 모아 여행을 다닌다고 했습니다. 술, 담배도 하지 않고, 혼자 사는 생활비도 크게 들지 않아, 여행 경비도 부담스럽지 않다고 했습니다. 대기업 중견 간부 정도 되었을 테니 월급도 상당할 겁니다. 하지만 결혼은 아예 할 생각이 없답니다. 그냥 혼자 좋아하는 것을 즐기며 살겠답니다.

그런데 나는 그의 말을 들으며 좀 뜨악한 생각이 들었습니다. 세상 사는 생각과 방법은 사람마다 다를 것이니, 옳다, 그르다, 칼로 무 자르듯 재단할 수는 없습니다. 그러나 혼자 좋아하는 일을 하며 편히 살겠다는 생각은 공동체 구성원으로서 의무를 저버린 것이라 말할 수는 있을 것 같습니다. 왜냐하면 최소한 사망하는 숫자만큼 생명이 태어나지 않는다면 언젠가 그 공동체는 사라질 것이고, 혼자 산 사람은 책임을 다했다 할 수 없기 때문입니다. 그뿐만 아니라 재화는 노동력에 의해 생산되는 것이기에, 혼자 사는 사람은 노후를 보장하는 각종 복지에 충당하는 재원 마련에 기여한 바가 적거나 없게 되는 셈입니다.

어쨌든 요즘 젊은이들 사이에서는 비혼 또는 비자녀를 원하는 비율이 높아지고 있다고 합니다. 성적인 욕구를 적절히 해소하면서, 부양과 양육 부담을 지고 싶지 않기 때문일 겁니다. 인생관에 따라 철학적 논거를 가지고 비혼이나 독신을 주장할 수도, 개인의 성적 취향에 따라 이성과의 관계를 배척할 수도 있을 것입니다. 모두 다 존중되어야 하지만, 애국심으로 결혼해 아이를 낳으라고 한다면 비웃음이나 살 테고 무슨 좋은 방법이 없을까요?

뾰족한 방법이 있을 리 없겠지만 분명한 것은 출산과 양육, 교육에 드는 비용과 노력을 부모에게만 맡겨서는 안 된다는 점입니다. 이런 정책은 확실한 믿음을 줄 수 있게 법률과 예산으로 뒷받침되어야 합니다. 그리고 혼자 사는 사람들은 조카를 돌보는 이모나 삼촌 마음으로 아이들이 맑고 곧게 자라는 데 기여하는 역할에 기꺼이 동참해야 합니다. 왜냐하면 아이들은 우리 모두의 미래이기 때문입니다.

쉬라바스티는 붓다께서 금강경을 설한 기원정사 터가 순례자들이 제일 먼저 찾는 곳이지만, 오자르하르(우리말로는 천불화현 터, 영어로는 에어포트)라는 흥미로운 유적지가 있습니다. 천축선원에서 발람푸르 방향으로 2km 정도 가면 오른쪽에 작은 동산 같은 곳이 보이고 그 위에 제단이 남아 있습니다. 망고나무도 몇 그루 있습니다.

● 천불화현 터 제단(위)과 입구에 있는 망고나무(아래)

이곳은 붓다가 망고 씨를 심어 바로 나무가 자라 열매를 맺게 하고, 몸을 천 개로 보이게 하는 등 기적을 행한 곳이라고 합니다. 그리고 붓다는 이곳에서 하늘로 올라가 어머니인 마야 부인과 함께 지내다, 아그라 근처에 있는 상카시아로 내려왔다고 합니다. 그래서 에어포트라고 한답니다.

이런 기적에 관한 이야기를 접하면 어떻게 이해하면 좋을지 난감합니다. 솔직하게 실제 그런 일들이 일어났다고 믿어지지는 않습니다. 그런데 불자들에게 물어보면 정색하며 왜 믿지 못하느냐고 힐난하듯 말합니다. 이미 해탈에 이르신 분인데 그 정도는 아무것도 아니라고 합니다.

그런데 조금 다른 각도에서 바라보면 기적은 논리적인 이해가 필요한 대상이 아니라는 생각도 듭니다. 성경에 기록된 기적도 마찬가지입니다. 왜냐하면 예수나 붓다는 보통 사람들과는 다른 탄생 기록에서 보듯, 필요하다면 언제든 기적을 일으킬 수 있는 존재였기 때문입니다. 우리가 주의 깊게 살펴야 할 점은 기적 자체보다 배경과 과정이라고 생각합니다.

성경에 나오는 기적의 대상은 대체로 그 시대에 가장 약자였던 여성이나 천민, 그리고 치료할 돈도 없는 가난한 병자들이었습니다. 초월자의 자비가 고통받는 사람들을 어루만졌고 사랑으로 그들을 감쌌습니다. 어떤 조건도 없이 측은한 마음에 고쳐준 것입니다.

사실 요즘에도 이런 기적은 우리 주변에서 목격할 수 있습니다. 장님이 눈을 뜨고 앉은뱅이가 걸어야 기적이 아닙니다. 병원 문턱을 넘기 어려운 사람들을 위해 헌신하거나, 분쟁 지역에서 목숨을 걸고 부상자들을 치료하는 의료인들, 문명 혜택이 미치지 못하는 오지에 사는 사람들 삶의 질을 높이기 위해 노력하는 사제나 목회자들, 노숙자들에게 따끈한 밥 한 끼를 제공하기 위해 힘든 노동을 마다하지 않는 봉사자들, 그리고 직접 참여하지는 못할지라도 이런 사업이 지속 가능한 일이 되도록 십시일반 후원하는 사람들이 다 기적을 일으키는 주인공입니다. 예수의 기적은 이웃을 사랑하고, 어려운 사람들에게 베풀고 나누라는 교훈을 주기 위한 방편이었다고 할 수 있습니다.

그런데 대중가요 가사에도 가장 많이 나오는 단어이기도 하고, 툭 탁하면 엄지와 검지를 교차시키며 하는 말, 사랑이란 도대체 어떻게 생긴 것일까요?

두 딸이 어렸을 적에 둘 중 누구인지는 모르겠으나(영어로 쓴 것으로 미루어 중학생이었던 언니라고 짐작은 가지만) 크기가 7cm 정도 되는 정사각형 포스트잇에 "Love is~!"라고 제목을 달고 다섯 가지를 적어 화장실 문에 붙여놓은 적이 있었습니다. 주는 것, 이해하는 것, 두 가지는 기억나는데 나머지 세 개는 잊었습니다. 그런데 글씨가 너무 작아 눈이 나쁜 나는 돋보기를 써야 겨우 볼 수 있었습니다. 그래서 맨 아래 여섯 번째로 이렇게 적었습니다.

"사랑은, 눈이 나쁜 사람을 위해 글씨를 조금 크게 쓰는 것!"

여러분들이 생각하는 여섯 번째 사랑은 어떤 것일까요? 혹 시간이 있으시면 잊어버린 세 가지도 같이 생각해 주면 고맙겠습니다.

티베탄 콜로니

　천축선원 매니저 스마트폰으로 기차표 예약 사이트에 들어갔으나 원하는 날짜에 델리행 침대표를 구할 수 없었습니다. 다음 날 아침 10시부터 따칼표를 판매한다는 고지가 있었지만, 살 수 있다는 보장은 없었습니다. 매니저 말로는 판매 개시 1~2분 만에 매진된답니다. 역 예매 창구로 가면 가능할 것 같지만, 그러기 위해서는 곤다까지 가야 한다는 게 부담이었습니다. 마침 발람푸르에서 오후에 출발해 다음 날 이른 아침에 델리에 도착하는 침대 버스가 있어 그걸 이용하기로 마음을 정하고 예매하였습니다. 열차가 연결되지 않는 다람살라나 마날리 등을 오갈 때 이용한 적이 있어 낯설지는 않습니다.

발람푸르에서 탄 버스는 중간에 저녁 먹을 시간도 있고, 도로 사정도 그리 나쁘지 않아 크게 불편하지는 않았습니다. 시트와 모포 청결 상태가 좋다고 할 정도는 아니니, 좀 께름직하게 여길 여행자는 침낭을 준비하면 좋을 것입니다. 나는 호찌민에서 3불에 산, 아주 얇아 부피감이 거의 없는 긴 자루 같은 침낭을 가지고 다니며 이런 경우 사용합니다. 보온도 약간 되지만 시트나 모포가 직접 몸에 닿지 않아 한결 쾌적합니다. 침대를 이중으로 판매해 잠시 소동이 일었지만, 출발지에서 타 먼저 자리 잡은 덕에 내 자리라고 버티면서 해결되었습니다. 문제는 화장실이었습니다.

혹시 휴게소로 들어갈까 참고 버티다가 도저히 견딜 수 없어 운전석과 객실 사이 문을 두드려 세워달라고 외칠 수밖에 없었습니다. 차가 도로변에 서자 비슷한 처지에 있던 사람들이 주르르 따라 내려 가드레일 쪽에 나란히 서서 소변을 해결하였습니다. 오래 참았다 비우니 엄청 시원합니다. 남자는 큰 문제가 없는데 여자들은 꽤 불편할 것 같습니다. 얼핏 살펴본 도로는 중앙분리대가 있고 편도 3차선으로 포장 상태도 나쁘지 않아 고속도로로 보였습니다. 그러나 주행 속도는 그리 빠르게 느껴지지 않았습니다.

버스가 고급스럽고 운행 체계가 제대로 되어 있는 곳은 내 경험으로는 브라질, 아르헨티나 칠레 같은 남미 국가들입니다. 철도가 연결되어 있지 않은 곳이라 버스 이용은 필수입니다. 가격에 따라 침대처럼 완전히 젖혀지는 좌석도 있습니다. 버스 안에 화장실도 있어 급한 용무를 볼 수 있습니다. 휴게소가 많지 않아 때가 되면 끼니를 제공하는데 웬만한 기내식보다 나쁘지 않습니다. 와인이나 위스키를 한 잔씩 주기도 합니다.

● 아르헨티나 이구아수에서 부에노스아이레스로 가는 버스에서 제공한 식사

아침 6시경 뉴델리에 도착했습니다. 터미널 바로 옆이 카시미르 게이트 메트로역입니다. 파하르간지는 너무 시끄러워 이번에는 올드델리에 있는 티베탄 콜로니에서 머물 생각이라 비단 사바역까지 메트로를 이용해야 합니다.

인도 메트로역은 들어갈 때 보안검사를 합니다. 가방은 방사선 검사대를 통과시켜야 하는데 이때 조심하라고 합니다. 컨베이어에 가방을 놓고 안으로 사라지는 것을 확인한 다음 들어가라고 합니다. 가방을 놓고 그냥 들어가면 뒤에서 늘어진 끈을 당겨 가로채 가는 수도 있답니다. 잘 믿기지는 않지만 없는 일을 꾸며 말하지는 않을 겁니다. 어쨌든 조심해서 나쁠 건 없습니다.

올드 델리 쪽에 있는 티베탄 콜로니는 티베트인들이 모여 사는 동네입니다. 규모가 그리 크진 않으나 살던 곳을 버리고 망명한 티베트인들이 모여 서로 외로움도 달래고 그들 고유한 종교와 문화를 이어가는 공동체라 할 수 있을 것 같습니다. 겨울철에는 티베트 망명정부가 있는 다람살라 추위를 피해 이곳으로 내려온 라마승들이 많이 모이는 곳이기도 합니다. 뉴델리 쪽보다 숙박료도 저렴하고 비교적 조용해 파하르간지에 비해 불편한 교통 사정을 무릅쓰고 가게 되는 곳입니다.

● 티베탄 콜로니 중심 도로

나는 이제 여기서 인도 여행을 정리하려 합니다. 며칠 지나면 집으로 돌아가게 됩니다. 내가 지금껏 여행기를 통해 인도에 대한 험

담을 꽤 많이 한 것 같습니다. 지저분함, 무질서, 배려심 없는 공중도덕, 위험한 요소 등 지적된 부분들은 문화와 관습이 다른 배경을 충분히 이해하지 못한 까닭이라 생각합니다. 사기나 위해도 정도 차이가 있을망정 어느 나라에서도 일어날 수 있는 일들입니다. 여행자들이 당하는 도난이나 신체적 위협도 인도이기에 벌어지는 사고는 아니라는 겁니다.

인도뿐 아니라 여러 나라 여행을 하는 동안 험악한 일이나, 타격을 입을 만한 경제적 손실로 어려운 처지에 빠진 적이 없다는 것은 참으로 다행이라 생각합니다. 좀 불편했던 일은 전화기 분실입니다. 단말기를 세 번 잃어버렸는데, 중국 징흥, 스페인 바르셀로나와 이집트 아스완에서입니다.

징흥에서는 주머니가 터진 것을 모르고 넣은 탓이니 온전히 내 잘못이고, 아스완에서는 소매치기를, 바르셀로나에서는 어처구니없이 멀쩡히 눈 뜨고 당했습니다. 아내와 둘이 점심으로 햄버거를 먹고 있는데 어떤 젊은이가 어느 나라 말인지 알 수도 없는 언어를 인쇄한 A4 용지를 얼굴에 들이밀었습니다. 도와달라는 것 같기에 손을 저어 거절했으나 그가 사라진 다음 보니 탁자에 놓았던 스마트폰도 함께였습니다.

전화기를 잃어버리면 상당히 곤란한 것은 사실이지만 내게는 그리 큰 문제는 없었습니다. 징흥에서는 폴더폰이라 기능이 제한적이었을 뿐 아니라 집으로 돌아갈 날짜가 얼마 남지 않았었고, 바르셀로나에서는 아내 전화기가 있어 아쉬운 대로 돌아다니는 데 문제가 없었습니다. 이집트 여행에서는 학습 효과가 있어 혹시 하는 생각에 쓰던 단말기 한 대를 더 가져갔기에 현지 유심을 넣어 이메일이나 메시지를 확인할 수 있었습니다. 그러니 대체로 큰 문제는 없었던 셈입니다. 그러나 한편으로는 너무 재미없는 여행을 한 것 같다는 생각도 듭니다. 사고가 나지 않았다는 것은 위험 요소가 조금이라도 보이면 피해 다니거나 가까이하지 않았기 때문이기도 할 테니까요.

나는 아직 밤이 깊은 시간에 바라나시 가트를 걸어본 적이 없습니다. 그래서 그 시간에 가트 분위기나 걷는 기분을 알지 못합니다. 혼자 여행하면서 왜 그리 겁이 많았을까요? 설마 죽이기야 하겠어, 대범하게 생각하며, 털려도 좋을 만한 현금을 주머니에 넣고 걸을 용기를 내지 못했을까요? 그러면서도 인도는 위험한 곳이라 한다면 뭔가 잘못하고 있는 거 아닌가, 스스로 반성도 합니다.

어쩌면 미국이 인도보다 더 위험한지도 모릅니다. 40년 전쯤, 뉴욕을 처음 갔을 때 일입니다. 거기 사는 친구와 저녁을 먹고 집으로 가기 위해 맨해튼 거리를 걸었습니다. 친구가 인도 안쪽으로 걷는 나를 잡아당기며, 건물 쪽에 붙지 말고 차도 쪽에서 걸으라고 했습니다. 컴컴한 건물 구석에서 갑자기 움켜잡고 돈을 뺏는답니다. 총을 들이대면 돈을 꺼내주려고 주머니에 손을 넣지 말고 그냥 손가락으로 가리키라고 일러주었습니다. 주머니에 손을 넣으면 총을 꺼내려는지 알고 그냥 쏜다는 겁니다. 어느 정도 사실에 맞는 말인지 아직 당해보진 않아 잘 모르겠습니다.

다음 날 오전 맨해튼 중심가에 있는 한국 종합상사 뉴욕 지사를 방문했습니다. 화장실을 가겠다고 하자 열쇠를 줍니다. 꽤 크고 좋은 빌딩이었는데 화장실에서 사고가 자주 발생해 열쇠를 사용해야 들어갈 수 있답니다. 문을 닫으면 저절로 잠깁니다.

● 뉴욕 타임스스퀘어. 늦은 밤에도 인파가 넘치는 곳이다.

 2022년 9월 말경, 밤 12시가 가까운 시간에도 타임스스퀘어 거리는 사람으로 넘쳤고 외형으로는 아무런 위험도 느껴지지 않았습니다. 물론 위험한 요소는 인적이 드문 뒷골목에 숨어 있어 잘 드러나지 않으리라 생각되기도 합니다.

 인도에서 위험한 요소가 있음을 알고도 용기를 낸 적이 한 번 있었습니다. 죽림정사 터가 있는 라즈기르는 불교 성지 중 한 곳이고, 1차 결집을 했던 칠엽굴이 있는 곳입니다. 결집이란 붓다 사후에 경전 내용을 함께 암송하여 공인하고 교의적 논란을 해결하기 위하여 소집된 모임입니다. 경전들이 여시아문(如是我聞), 나는 이렇게 들었다로 시작하는 이유이기도 합니다.

도착한 날 조금 늦은 점심을 먹고 칠엽굴을 가려고 언덕 입구로 갔더니 관리인들이 못 가게 막았습니다. 지금 올라가면 내려올 때는 해가 지고 위험하니 내일 날이 밝은 다음에 가라는 것이었습니다. 낮에도 혼자는 절대 올라가지 말고 여럿이 모여 같이 가라고 당부했습니다.

다음 날, 입구에서 외국인을 기다렸으나 한 사람도 오지 않았습니다. 현지인들만 드문드문 올라갈 뿐이었습니다. 언제까지 기다릴 수도 없어, 그래 봐야 돈 몇 푼 뺏기겠지, 생각하며 용기를 내어 올라가기 시작했습니다. 여기에 온 목적이 성지 순례기를 쓰기 위함이니 칠엽굴을 그냥 지나칠 수는 없었습니다. 그런데 중간쯤 가니 경관 두 명이 어딜 가느냐고 묻고는 보호를 해주겠다고 합니다. 사고가 자주 나는 곳이기는 한 모양입니다. 어쨌든 태어나서 처음으로 경관 호위를 받아보았습니다.

내려오는 길에는 만났던 장소에서 여기서부터는 혼자 가라고 합니다. 나는 기꺼이 감사한 마음을 담아 100루피를 주었습니다. 위험이 있는 곳에는 안전장치도 마련되어 있으니 애초에 겁을 먹고 포기할 일은 아닌 듯싶습니다.

쿠바는 밤에 거리를 다녀도 위험하다고 느껴지지 않습니다. 아바나에서 돌아다니다 쁘라도 거리 벤치 같은 곳에서 좀 쉬고 있으면 현지인이 다가와 옆에 앉습니다. 겁먹을 필요는 없습니다. 이렇게 접근하는 사람들은 대개 질 좋은 시가를 싸게 살 수 있는 곳을 알고 있다거나, 아름다운 아가씨를 소개해 주겠다는 솔깃한 제안을 합니다. 하지만 그냥 웃어넘기면 됩니다. 여기까지는 괜찮은데 실제 따라나선다면 문제가 생길지도 모를 일입니다. 그리고 그 경계선을 넘어가지 못하는 게 내 한계입니다. 파란만장하고 흥미진진한 이야기는 그 후에 일어나는 일들일 텐데요.

● 쿠바 아바나 까삐똘리오에서 말레꽁으로 이어지는 쁘라도 거리. 시민들 휴식 공간이자 살사 춤판이 벌어지는 곳이기도 하다.

내가 쿠바는 치안이 꽤 안전한 것 같다고 말했더니, 이 친구 대답이 엉뚱했습니다. 적어도 아바나에서는 걱정하지 않아도 된답니다. 아바나 인구가 200만 명인데 100만 명은 시민, 나머지는 경찰이랍니다. 말레꽁 주변을 걷다 보면 골목마다 서 있는 경찰들을 볼 수 있습니다. 사회주의 국가이니 억제력을 유지하기 위한 공권력이 좀 많이 필요할 수도 있겠지만, 그렇다고 아바나 인구 절반이 경찰이기야 하겠습니까?

결국 여행은 무모해서도 안 되지만, 무력해서도 문제가 있으니 잘 조화를 이루고 적절히 절제하는 자제력이 중요할 듯싶습니다. 우리 삶도 마찬가지겠지요. 과유불급! 어느 쪽으로 치우치지 않는 중용은 미지근하거나, 우유부단하거나, 정체성이 모호한 게 아니라, 조화롭게 세상을 사는 삶의 지혜일 것 같습니다. 그런 의미에서 내 배낭여행도 약간 미련이 남는 시점에서 정리하겠다고 마음먹은 것은 적절한 것처럼 여겨집니다. 이제는 아내와 짧은 여행을 할 생각입니다. 같이 손잡고 느릿느릿 걸으며 맛있는 음식도 함께 즐기려고 합니다. 굳이 외국 여행을 고집할 까닭도 없을 겁니다.

메트로역 비단 사바에서 릭샤를 이용해 티베탄 콜로니로 향했습니다. 우선 3일을 지낼 숙소를 구해야 합니다. 마을 중심을 가른 도로 양편으로 각종 상점이 즐비하고 오른쪽으로 블록을 나눈 골목 양편으로 숙소와 음식점들이 있습니다. 성수기라 그런지 빈방이 별로 없는 듯합니다. 몇 번 발품을 판 끝에 적당한 방을 찾았습니다.

비어 있는 방이라 체크인하고 온수기로 물을 데워 샤워를 했습니다. 버스는 발을 뻗고 눕기에 충분한 공간이었지만, 깊이 잠들지 못한 터라 오전 내내 모자란 잠을 보충했습니다. 익숙해서 그럴까요, 아니면 흔들림이 적어서일까요, 버스보다는 기차가 더 편히 잠을 잘 수 있는 것 같습니다.

네팔 음식 전문점에서 달바트로 늦은 점심을 먹었습니다. 환전한 루피가 여유가 있을 듯싶어 남은 몇 끼라도 제대로 된 음식을 먹어야겠다고 생각했습니다. 정갈한 차림과 다리 하나가 온전히 들어간 닭고기 커리는 꽤 맛있습니다. 값은 350루피로 만만하지 않습니다.

● 네팔 정식 달바트. 정갈한 차림에 서비스와 맛도 좋은 편이다.

    호기로운 기분에 커피전문점에서 서쪽으로 기우는 햇볕 가득한 창가 자리를 차지하고 아메리카노를 홀짝거리며, 오랜만에 제대로 된 커피 맛을 음미하는 사치를 즐깁니다. 돈도 넉넉하고, 시간도 널널하니 마음도 덩달아 여유롭습니다. 욕심을 버리고 작은 것에 만족할 줄 아는 마음은 패배자의 자기 합리화일지라도 삶의 한 방편으로 소중한 가치를 지닌 듯싶습니다.

어두워진 다음 커피점을 나와 가운데 길을 따라 끝까지 올라가 저녁 먹을 집을 물색하고 다시 내려옵니다. 줄을 서 기다리는 사람들이 있는 스낵 가게에서 파는 간식으로 군것질도 하며 천천히 반대편 끝으로 오자 티베트 사원이 있습니다. 사원 앞 그리 넓지 않은 광장에는 전통 의상을 입은 티베트인들이 모여 춤을 추고 있습니다. 단순한 동작이 되풀이되는 전통 무용인 듯싶습니다. 평범한 춤이 아니라 예불의 다른 형식인지도 모르겠습니다.

전에 왔을 때도 본 기억이 나는 것으로 미루어 매일 이 시간이면 벌어지는 행사인 모양입니다. 고국 땅을 떠난 까닭이야 서로 다를지라도 낯선 땅에서 정붙이고 지내야 하는 애환 한두 개쯤은 다 갖고 있을 터, 이렇게 모여 손뼉 치고, 어깨춤 장단에 맞춰 노래하며, 삶의 고달픔을 녹이기라도 해야 견디기 수월한 밤이 되는가 봅니다.

● 티베탄 콜로니 안에 있는 사원. 매일 저녁 티베트인들이 모여 춤판을 벌인다.

인도에 머무는 마지막 날

 2021년도 기준으로 인도 종교 분포를 보면 힌두교 80%, 이슬람교 14%, 기독교 2%, 시크교 2%, 바리스타교 0.4% 정도입니다. 불교는 발생 국가이면서도 신도 숫자가 통계에 잡히지 않을 정도로 미미해 겨우 명맥을 이어가는 것 같습니다. 그런데 인도는 워낙 인구가 많아 점유율은 낮더라도 숫자로 환산하면 무시하지 못할 세력이 됩니다. 1%면 1,400만 명이 되니까요. 그래서일까요? 뉴델리에 신흥종교인 바하이 사원이 있다는 점이 흥미롭습니다.

 바하이교는 19세기 중반 예수, 마호메트, 조로아스터, 석가모니 등을 포함하는 과거와 미래 현신 중 가장 최근 신이라는 바하 울라 가르침을 믿는 신도들 종교입니다. 바하이교에 따르면 모든 종교는 외형상 차이에도 불구하고 모두 같은 진리를 가르친다고 합니다. 바하이교도에게는 여러 의무가 있지만 성전을 찾는 일반 사람들은 각자 자기가 믿는 종교 방식에 따라 기도를 올리면 된답니다. 단 사원 안에서는 묵언입니다. 우리나라에는 1921년에 처음 전해졌다고 합니다.

● 뉴델리에 있는 바하이교당. 연꽃 모양이라 로터스 사원이라고도 불린다.

인도를 떠나기 전날, 바하이 사원을 찾아 나섰습니다. 티베탄 콜로니에서는 우선 메트로 카슈미르 게이트역까지 가 보라색 라인으로 바꿔 타고 깔까지역에서 내리면 됩니다. 델리 메트로는 서울만큼 복잡하지 않고 시스템이 우리와 크게 다르지 않아 안내 표시를 찬찬히 살펴 따라가면 이용하는 데 불편이 없습니다. 체중이 없고 출퇴근 시간대 혼잡함도 서울보다는 덜한 듯싶습니다. 직접 연결되지 않는 목적지는 가장 가까운 역에서 내려 릭샤를 이용하면 택시를 타는 것보다 교통비를 훨씬 줄일 수 있습니다. 공항을 오가는 데도 뉴델리역에서 메트로를 이용하면 편리합니다.

● 바하이교당을 찾는 사람들. 평일인데도 웬 사람들이 이리 많을까!

바하이 사원 건물은 숫자 9를 신성하게 여기는 교리 때문에 공통적으로 구각형의 특이한 모양으로 설계된다고 합니다. 나는 시카고 근교 윌멧에서 바하이 사원을 본 적이 있습니다. 꽤 인상적인 모습이었는데, 델리 바하이 사원은 피어나는 연꽃 모양으로 훨씬 아름답습니다. 델리 바하이 교당은 로터스 사원으로 불리기도 한답니다.

성전 건물이 크고, 화려하고, 특이하고, 멋있으면 사람들을 불러 모으는 역할은 제대로 해낼 수 있을 겁니다. 대표적인 것이 바르셀로나에 있는 가우디 사그라다 파밀리아 성당일 것입니다. 1년 내내 수많은 관광객이 몰려들고 있으니까요. 하지만 성전 고유한 역할과는 괴리가 있는 것 같습니다.

칠레 아따까마에서 동화책에나 나올 법한, 마치 어린아이가 도화지에 삐뚤빼뚤 그린 것 같은 예쁜 교회를 보았습니다. 내가 본 어떤 성전보다 작고 초라했지만, 여기서 기도를 올리면 무엇이든지 이루어질 것 같았습니다.

● 칠레 아따까마에 있는 어린아이가 그린 것 같은 교회

메트로역에서부터 사원을 찾아가는 길은 어렵지 않습니다. 그리 멀지도 않거니와 가는 사람들이 많아 따라가기만 되는 형국입니다. 휴일도 아닌데 웬 사람들이 이리 많을까요? 인구가 많아서일까요,

실업자가 많은 탓일까요? 아니면 종교적 열정이 넘쳐서일까요? 그렇다면 많은 사람에게 절대적인 영향을 끼치는 종교란 과연 무엇일까요?

부끄럽습니다만 나는 종교가 무엇인지 잘 모릅니다. 내가 알고 있는 것은 초월적인 힘에 의지하여 현세 복이나 내세 구원을 원하는 인간들이 모인 신앙 공동체라는 사전적 의미일 뿐입니다. 그리고 같은 초월적 존재를 추앙하는 사람들끼리 모여 신앙 공동체를 이룬 곳이 성당, 교회, 사찰, 사원 등 여러 다른 이름으로 불리는 집단이라는 것 정도입니다.

사실 다른 무엇에 의지한다는 것은 힘이 없고 약하기 때문입니다. 인간은 불완전한 존재입니다. 인간 삶은 괴로움에서 벗어날 수 없고, 죽음 문턱을 비켜 갈 수도 없습니다. 그러면서도 행복한 삶을 영원히 살고 싶은 욕망은 깊고 높습니다. 인간 힘으로는 이룰 수 없는 꿈이고, 풀 수 없는 과제입니다. 그래서 사람들은 절대적인 힘에 의탁하여, 근심 걱정과 죽는 공포마저 사라진 내세에서 영원히 살기를 염원합니다. 이런 불완전성과 욕망은 종교의 정당성을 부여하고, 수천 년 명맥을 이어오며 세력을 넓히는 원동력이 되었고, 때로는 사이비 종교가 발붙이는 온상이 되기도 했습니다.

여기까지는 누구나 인식할 수 있는 상식 영역입니다. 그러나 한 걸음 더 들어가면 절대자, 즉 신에 대한 문제에 봉착하게 됩니다. 인간들이 의지하는 신은 정말 존재하는 걸까요? 신이 존재하기 때문에 믿는 게 아니라, 필요하기 때문에 믿는 것은 아닐까요? 예수는 인류 구원을 위해 하느님이 보내신 그의 아들일까요? 죽은 다음에 간다는 내세는 정말 있는 건가요?

나는 종교적인 면에서 상당히 보수적인 환경에서 자랐습니다. 모태 신앙을 갖고 있는 가톨릭 신자입니다. 가톨릭 신앙을 갖고 있던 부모에게서 태어나 유아 세례를 받았으니 내 뜻이나 의지와는 전혀 무관하게 종교를 갖게 된 셈입니다. 세례라는 의식을 통해 굴레에 매인 압박감을 심하게 느낀 시절도 있었습니다.

일요일에는 먼 길을 걸어 성당에 가야 하고, 십계명을 지키고, 아침과 저녁으로 기도해야 했습니다. 그렇지 않으면 아주 큰 죄를 짓는 것이고, 죽으면 지옥으로 떨어져야 합니다. 끝나지 않는 고통을 견뎌야 한다는 지옥은 끔찍한 공포였습니다. 내가 선택한 것도 아닌데, 하지 않으면 안 되는 의무가 지워졌다는 게 부당하게 느껴지기도 했습니다.

어렸을 적 세례를 받음으로써 느꼈던 구속감과 지옥에 떨어지는 공포는 사라진 지 오래되었지만, 아직도 가톨릭교회에 소속된 한 사람임을 부인하지는 않습니다. 외가 쪽으로 신부와 수녀도 있고 아내와 자식과 손자들을 포함한 친척들 모두가 가톨릭 교인인 환경이 구심력으로 작용하고 있습니다만, 하느님이라는 존재에 확신하지 못하기 때문에 완전한 종교인이라고 말할 수는 없을 것입니다.

그렇지만 역사적 인물인 예수 실존을 믿고, 3년이라는 짧은 공적 활동을 통해 일으킨 변화와 가난하고 소외된 민중들에게 던진 희망의 메시지에 공감하며, 특히 베풀고, 용서하며, 사랑하라는 삶의 근본 자세를 가르친 말씀을 깊이 새깁니다. 그리고 그렇게 살기 위해 노력합니다. 그래서 종교적 믿음은 엷더라도 삶은 진솔하기를 바랍니다. 죽은 다음에 가는 곳이 있다면 내가 살아온 행적만큼 대가를 받을 것이니 어디든 불만이 없을 겁니다. 내세가 있든 없든, 천당이든 지옥이든 상관없습니다.

바하이 사원에서 돌아오는 길에 델리 대학 교정을 한 바퀴 돌았습니다. 넓은 교정에 열대 수림들이 헌칠한 자태를 뽐내고, 잔디밭에는 학생들이 삼삼오오 모여 앉아 있습니다. 그들이 지금 논쟁을 하든, 과제를 논하든, 사랑 이야기를 하든, 시시껄렁한 농담을 하든, 꿈을 가꾸는 젊은이들을 보는 것은 항상 즐겁습니다.

● 열대 수림이 끼끗하게 자란 델리 대학교 교정

인도에서 먹는 마지막 저녁, 좀 비싼 곳에서 맥주를 곁들여 사치를 부릴 생각입니다. 베이커리를 겸한 레스토랑인데 메뉴가 다양합니다. 안주 삼아 참치와 야채를 돌돌 말아 만든 요리와 킹피셔 한 병을 주문했습니다. 유감스럽게도 맥주는 버드와이저밖에 없답니다. 저녁 식사는 모모입니다.

　오랜만에 차가운 맥주가 목젖을 타고 넘어 온몸으로 퍼지는 싸한 기분이 그만입니다. 비록 혼자지만 내 배낭여행을 마무리 짓는 마지막 만찬을 이렇게 즐깁니다. 그리 많은 나라들을 다니지 못했고, 깊이 있는 여행이었다고 평가할 수도 없고, 어떤 목적을 정하고 지향점에 맞춰 돌아다닌 것도 아니고, 여러 사람과 교류를 이어가거나 이질적인 문화의 이해도를 크게 높이지도 못했습니다. 그저 슬렁슬렁 겉만 훑고 다닌 게으른 여행이었습니다.

　하지만 여행은 나에게 익숙한 환경과 사람들에게서 멀리 떨어진 곳에서 '나'라는 개체에 대해 침잠(沈潛)할 수 있는 소중한 시간을 주었습니다. 그래서 '나'는 아주 미약하고 보잘것없는 하찮은 존재지만, 그러면서도 유일하다는 것을, '나'뿐만 아니라 다른 '나' 누구도 다 그렇다는 것을 깨닫게 되었습니다. 존재 가치는 다를지라도 유일하다는 점은 변하지 않습니다. 그래서 인간은 특별합니다. 그 특별한 존재가 선한 가치로 빛날 때 세상은 아름다워질 것이라 믿습니다.

책 끄트머리에

사람은 살던 대로 죽는다

시작이 있어 끝도 보입니다.

2023년 봄, 진달래가 필 무렵 시작한 원고가 눈발 날리는 세밑이 되어서야 초고를 끝냈습니다. 그리고 생각을 가다듬고, 불필요한 가지를 치고 정리하는 데 반년 넘는 시간이 더 필요했습니다. 단순한 여행 이야기를 쓰기 위해 시작한 글이 아니기에 시간이 꽤 걸렸습니다.

이 글은 여행 이야기라기보다, 아내에게 전하는 감사 인사고, 죽기 전에 자식들에게 남기는 유언 같은 이야기며, 나를 기억하는 사람들에게는 작별 인사를 대신하는 글입니다. 또한 의도하지는 않았더라도 내 말과 행위로 상처를 입었을지도 모를 분들에게 드리는 사죄의 마음이 담기기도 했습니다. 내일 눈을 감아도 하등 이상할 게 없는 나이가 되어, 주변을 정리하고 두루두루 작별 인사를 하는 것도 괜찮은 생각인 것 같습니다. 혹 간다는 말도 없이 먼저 갔다고 섭섭해할 사람이 있을지도 모르니까요.

  별로 만족스럽지 못한 삶을 살았다고 생각하는 사람이 지난 세월을 반추해 보는 것은 꽤 고통스러운 일입니다. 반성과 회한의 시간이 될 수밖에 없기 때문입니다. 다행히 가슴 저미는 아픔은 있었더라도 아주 무의미한 시간은 아니었다는 생각도 듭니다. 살아갈 수 있는 시간이 산 세월에 비해 훨씬 적게 남았기에, 더 가치 있고 알뜰하게 소비해야겠다고 다짐할 수 있었기 때문입니다.

  이번 여행길에 포카라에 머물면서 해 질 무렵 사랑코트에 올라간 적이 있습니다. 사랑코트는 파노라마처럼 펼쳐진 안나푸르나 봉우리들을 눈앞에 두고 바라볼 수 있는 전망대 구실을 합니다만, 일출을 맞거나 석양을 품을 수 있는 곳이기도 합니다. 보통은 일출을 보러 아침 시간에 많이 올라갑니다만, 나는 전에 해 뜨는 모습을 본 적이 있어 저녁 시간을 택했습니다. 그리고 놀라운 경험을 하게 되었습니다.

  여러 곳에서 석양을 마중해 보았습니다만, 내게는 미얀마 만들레이 우베인 다리에서 맞은 석양이 가장 세련되고 아름다웠던 기억으로 남아 있습니다. 그에 비하면 사랑코트는 장엄한 맛은 있지만 좀 우직하게 느껴집니다.

  그런데 그곳에서도 보지 못했던 놀라운 광경은, 안나푸르나 설산 봉우리가 태양의 잔영을 받아 하얗게 피어 있는 모습이었습니다. 넘어가는 태양이 아낌없이 쏟아주는 진기를 고스란히 품에 담아, 장엄한 자태에 질감을 더해 꿈틀거리는 생명체로 깨어난 듯싶었습니다. 그 순간 문득, 자신의 마지막을 태워 사위를 저토록 아름답게 만들 수 있다면 얼마나 고귀한 존재일까, 하는 생각이 들었습니다. 잔영이 사라지면 설산도 곧 어둠에 묻히겠지만, 그 순간 받은 감동은 아직도 마음속에 생생히 살아 있습니다.

● 안나푸르나 설산이 석양을 담아 하얗게 피어 있다.

✻

여러 해 전, 아는 분이 죽음에 대한 여러 사람 생각과 경험을 편집해 만들었다며 책을 한 권 보내주었습니다.
《사람은 살던 대로 죽는다》
책 제목대로라면, 잘 죽기 위해서는 잘 살아야 하는가 봅니다. 그래서 지금, 여정의 끝자락에서 누가, 왜 여행을 하느냐고 묻는다면 망설임 없이, 떠났던 곳으로 잘 돌아가기 위해서라고 대답하겠습니다.

여정의
끝자락
에서

초판 1쇄 발행 2024. 9. 24.

지은이 이 씨
펴낸이 김병호
펴낸곳 주식회사 바른북스

편집진행 김재영
디자인 한채린

등록 2019년 4월 3일 제2019-000040호
주소 서울시 성동구 연무장5길 9-16, 301호 (성수동2가, 블루스톤타워)
대표전화 070-7857-9719 | **경영지원** 02-3409-9719 | **팩스** 070-7610-9820

•바른북스는 여러분의 다양한 아이디어와 원고 투고를 설레는 마음으로 기다리고 있습니다.

이메일 barunbooks21@naver.com | **원고투고** barunbooks21@naver.com
홈페이지 www.barunbooks.com | **공식 블로그** blog.naver.com/barunbooks7
공식 포스트 post.naver.com/barunbooks7 | **페이스북** facebook.com/barunbooks7

ⓒ 이 씨, 2024
ISBN 979-11-7263-151-2 03810

•파본이나 잘못된 책은 구입하신 곳에서 교환해드립니다.
•이 책은 저작권법에 따라 보호를 받는 저작물이므로 무단전재 및 복제를 금지하며,
이 책 내용의 전부 및 일부를 이용하려면 반드시 저작권자와 도서출판 바른북스의 서면동의를 받아야 합니다.